Elke Antwerpen
Empathie mit Köpfchen

D1718924

»*Es gibt in einem anderen Menschen nichts, was es nicht auch in mir gibt. Dies ist die einzige Grundlage für das Verstehen der Menschen untereinander.*«
Erich Fromm

Die deutsche Bibliothek – CIP-Einheitsaufnahme
Die Deutsche Nationalbibliothek verzeichnet diese Publikation in der Deutschen National-
bibliografie; detaillierte biografische Daten sind im Internet unter http://dnb.d-nb.de abrufbar.

Elke Antwerpen
Empathie mit Köpfchen – Warum Führungskräfte mehr Hirn als Herz benötigen, um ihre
Mitarbeiter emotional mitzunehmen

1. Auflage 2019

© Herausgeber: »Edition Business«, TWOS, Arnulfstr.34, 40545 Düsseldorf

Korrektorat: Anke Schild
Covergestaltung: Birgit Ruthenschröer
Druck und Vertrieb: Kindle Direct Publishing Amazon

ISBN 978-1-79-845380-3

Printed in Germany

Elke Antwerpen

Empathie mit Köpfchen

Warum Führungskräfte mehr Hirn als Herz benötigen,
um ihre Mitarbeiter emotional mitzunehmen

Inhaltsverzeichnis

Einleitung

Wenn es um die Entwicklung emotionaler und sozialer Kompetenzen geht, führt kein Weg an der Empathie vorbei. Leider begegnen viele ihr mit Vorurteilen, die sich hauptsächlich auf dem weitverbreiteten Bild begründen, empathisch sein bedeute zwangsläufig, emotional mitschwingen zu müssen. Insbesondere bei rational geprägten Menschen löst diese Vorstellung eher Unbehagen aus, als dass sie die Bereitschaft weckt, sich mit seinen Mitmenschen zu befassen. Zudem stehen Gefühle in dem Ruf, bei Stress das Großhirn regelrecht lahmzulegen, sodass der Eindruck entsteht, gefühlsbetonte Menschen hätten sich bisweilen nicht unter Kontrolle. Mehr noch als die temporären Kontrollverluste fürchten Manager jedoch, dauerhaft »weichgespült« zu sein, als handelte es sich bei dem Empathietraining um eine Art Hirnwäsche.

Empathie allein prädestiniert einen natürlich noch nicht für den Chefsessel. Eine gute Führungskraft zeichnet sich durch viele Fähigkeiten aus. Denn wenn es an Eigenmotivation, Entschlossenheit oder Umsetzungskraft mangelt, kann sie die fehlenden Aspekte kaum ausgleichen. Ohne diese Sozialkompetenz klappt es aber definitiv nicht mit der Karriere. Sie ist der zentrale Schlüssel für den beruflichen und persönlichen Erfolg. Allerdings funktioniert Empathie nicht nur über das Ein*fühlen*, wie uns manche Experten weismachen wollen. In Wahrheit geht es fast immer um das Verstehen, genauer gesagt um das Beobachten, Analysieren, Erkennen und Interpretieren. Dies geschieht mittels unseres Verstandes und hat wenig mit Gefühlen zu tun. Zwar findet beides – also das Denken und das Fühlen – in unserem Gehirn statt und ist nicht komplett voneinander zu trennen. Dennoch handelt es sich um unterschiedliche Prozesse. So gibt es Menschen, die – um ihre Mitmenschen zu verstehen – sich bewusst mental in sie hineinversetzen, während andere, bei denen die Spiegelneuronen sehr aktiv sind, rein intuitiv vorgehen. Bereits in meinem Buch *Coaching für Kopfmenschen* bin ich auf die allgemeine Unterscheidung zwischen den empathischen, kommunikativen »Bauchmenschen« und den nüchternen, zahlenorientierten »Kopfmenschen« eingegangen. Fast könnte man den Eindruck gewinnen, dass es sich um Gegensätze handelt, die einander vollkommen ausschließen. Es gilt jedoch als gesicherte Erkenntnis, dass Vernunft und Gefühle keine Antagonisten sind. Der Unterschied liegt lediglich in den jeweiligen Referenzgefühlen, die der eine als wesentlich emotionaler wahrnimmt und interpretiert als der andere. Will heißen: Wir können uns zwar bemühen, uns an Fakten zu orientieren, und die Alternative wählen, die wir als objektiv richtig und vernünftig betrachten. Aber wir können nur dann etwas für richtig oder vernünftig halten, wenn es sich für uns auch genauso anfühlt.

In diesem Zusammenhang möchte ich noch auf einen anderen Aspekt hinweisen: Auch wenn es uns die Zweiteilung von Kopf und Bauch suggerieren will, ist das Gegenteil von »rational« keineswegs »emotional«, sondern »irrational«. Ebenso wie das Pendant zu »emotional« nicht »rational« lautet, sondern »emotionslos«. Daraus abzuleiten, dass Menschen mit Hirn weniger Herz haben, wäre allerdings unzulässig. Selbstverständlich haben auch vernunftgeprägte Menschen Gefühle, sie tragen diese nur weniger nach außen. Somit lässt sich allenfalls behaupten, dass es ihnen an Ausdrucksstärke mangelt, was je nach sozialer und beruflicher Rolle in unserer Kultur sogar gefördert wird. Insbesondere der Ausdruck von Wut und Ärger unterliegt einer starken moralischen Wertung: Da hat sich jemand »nicht unter Kontrolle« oder verhält sich höchst »unprofessionell«. Oder es erscheint in bestimmten Situationen taktisch klüger, seine Gefühle zu verbergen – wie beispielsweise in Verhandlungen. Ein »Pokerface«, das heißt die demonstrativ zur Schau gestellte Emotionslosigkeit, soll verhindern, dass vom Gesprächspartner Rückschlüsse auf die eigene Gefühlslage gezogen werden können. Im Widerspruch dazu steht, dass im Vorgesetzten-Mitarbeiter-Verhältnis gegenseitiges Vertrauen und eine feste Verbindung das genaue Gegenteil erforderlich machen. Da es sich aber sehr wohl beobachten lässt, dass es Menschen gibt, die überwiegend vernunftgesteuert sind, ebenso wie es Menschen gibt, die vorrangig ihrer Intuition folgen, schlage ich vor, bei der gebräuchlichen Unterteilung in Kopf- und Bauchmenschen zu bleiben. Wir behalten dabei im Hinterkopf, dass beide Begriffe nur Tendenzen beschreiben und etwas simplifizierend sind.

Wir halten ferner fest: Beide Wege führen zu einem guten Ergebnis. Im Businesskontext sind allerdings mehr kognitive Fähigkeiten als emotionale Hingabe gefragt. In mehr als zehn Jahren und 9.000 Stunden Coaching und Training mit Spezialisten und Managern jeglichen Führungslevels hat kein Einziger mir gegenüber den dringlichen Wunsch geäußert, er möchte *fühlen*, was seine Mitarbeiter bewegt. Ebenso wenig habe ich von Mitarbeitern gehört, die darauf bestehen, ihr Chef solle buchstäblich *empfinden*, was sie emotional berührt. Beide Parteien zeigten sich höchst zufrieden mit einem besseren Verständnis füreinander.

Privat mögen die Ansprüche höher liegen – auch wenn es mir schwerfällt zu glauben, dass jemand wirklich will, dass sein Partner sich im schlimmsten Fall genauso mies fühlt wie er selbst. Ein aufrichtiges Interesse, tröstende Worte und eine herzliche Umarmung dürften hier meist ebenfalls ausreichen. Verstehen Sie mich nicht falsch – ich habe überhaupt nichts gegen Emotionen. Im Gegenteil! Einfühlungsvermögen ist eine wunderbare Gabe. Ebenso wie emotionale Intelligenz. Ein wesentliches Charakteristikum der emotionalen Intelligenz ist die Fähigkeit, intuitiv zu denken und damit Probleme zu lösen, die weit über den Kontext der Menschenführung hinausgehen. Intuition, Lebensweisheit, das »Bauchgefühl« – all dies sind Umschreibungen für eine wichtige, von Haus aus emotionale Entscheidungsgrundlage angesichts einer Vielzahl komplexer Herausforderungen, die uns das Leben stellt. Aber wie bereits erwähnt – das ist in den relevanten beruflichen Situationen gar nicht gefordert. Abgesehen davon ist mir die Auslegung des Begriffes »Empathie« zu eindimensional. Die meisten Übersetzungen lassen keinen anderen Schluss zu, als dass es dabei ausschließlich ums Mitfühlen geht. In Anbetracht der Tatsache, dass überwiegend kognitive Fähigkeiten erforderlich sind, um Verständnis für die Bedürfnisse und Verhaltensweisen anderer Menschen zu entwickeln, finde ich den Hype darum maßlos übertrieben. Empathie lernen geht definitiv auch ohne das ganze »Emotionsgedöns«.

In diesem Buch erfahren Sie, wie Sie Ihre PS auch dann noch auf die Straße bringen, wenn statt harter Fakten mehr weiche Faktoren gefragt sind. Das ist zum Beispiel in der Kommunikation, bei Verhandlungen, im direkten Kontakt mit Kunden, Kollegen und Mitarbeitern der Fall – also überall dort, wo es menschelt. Sicher muss zwischen Beruf und Privatleben differenziert werden: In der Rolle des Freundes, Ehepartners oder Elternteils wird Ihnen etwas anderes abverlangt als in Ihrer Profession. Als Führungskraft haben Sie einen Führungsauftrag. Dieser lautet einerseits, sich intensiver mit der Persönlichkeit von Mitarbeitern zu beschäftigen, um sie dauerhaft zu motivieren und an das Unternehmen zu binden, und andererseits die Interessen des Unternehmens durchzusetzen. Am deutlichsten wird der Unterschied sichtbar, wenn Mitarbeiter emotional werden und gegebenenfalls anfangen zu weinen. Dann ist der erste Job einer Führungskraft die Diagnose, das heißt, Sie müssen zunächst klären, ob die Gründe dafür im privaten Bereich liegen oder in der Arbeit. Denn je nach Ergebnis ist die Herangehensweise eine andere: Bei privaten Problemen schicken Sie Ihren Mitarbeiter nach Hause und stellen ihn für den Rest des Tages frei. Liegt der Anlass im Job begründet, müssen Sie sofort handeln und eine Lösung anbieten. Dies wiederum steht im Widerspruch zu dem empathischen Verhalten, das Sie als Privatperson in Krisensituationen zeigen sollten. Lösungen und Ratschläge wären da eher kontraproduktiv. Allerdings ist die Erwartungshaltung auch eine andere.

Ich beziehe mich in meinen Ausführungen auf den normalen Führungsalltag, wenn es darum geht, den Mitarbeitern prinzipiell mehr Aufmerksamkeit und Zuwendung zu geben. In Kapitel 8.3.1 *Unterstützen statt trösten finden Sie* aber nützliche Hinweise, wie mit solchen Ausnahmesituationen professionell empathisch umzugehen ist.

Viele meiner Thesen werden von Erkenntnissen aus der Psychologie, Soziologie und vor allem den kognitiven Neurowissenschaften unterstützt. In erster Linie geht es mir aber um die Praxis, was bedeutet, dass alle beschriebenen Konzepte sowohl für mich als auch für meine Teilnehmer aus Vorträgen, Trainings und Coachings auch wirklich funktionieren. Und im Sinne von »Wer heilt, hat recht« pfeife ich auch schon mal auf die wissenschaftliche Belegung gut funktionierender Methoden.

Verwendete Bezeichnungen und Titel, die einem marken- und urheberrechtlichen Schutz unterliegen, werden nur zu informatorischen Zwecken genannt. Aus Gründen der besseren Lesbarkeit wurde in der Regel darauf verzichtet, geschlechtsspezifische Unterscheidungen zu treffen. Auch wenn grammatikalisch der Leser männlichen Geschlechts angesprochen wird, so ist damit selbstverständlich ebenso die Leserin des Buches gemeint.

Wiederholungen im Text sind gewollt. Nach dem Motto »Lectio lecta placet, decies repetita placebit« (auf Deutsch: »Wiederholung ist die Mutter aller Studien«) kann Wichtiges gar nicht oft genug erwähnt werden. Die Namen der in den Beispielen auftauchenden Personen sind frei erfunden. Namensgleichheiten mit real existierenden Menschen wären rein zufällig.

Zum Schluss noch eine Anmerkung zur Verwendung des Lernkonzeptes: Der empathische Führungsstil ist komplex, benötigt Übung und dementsprechend Zeit – die Führungskräfte oft nicht haben. Wirkung und Zielerreichung hängen aber wesentlich von der Bereitschaft ab, sich auf die Prozesse einzulassen und sie aktiv zu durchlaufen. Sie können dieses Buch einfach nur lesen und hoffen, dass sich allein aufgrund einiger Erkenntnisse etwas verbessert. Wahrscheinlich wird Ihr Verstand ein paar brauchbare Ideen produzieren, wie die Situation zu verändern wäre. Möglicherweise beschäftigt er sich auch damit, wer sich wie verändern müsste, damit Ihre Welt wieder in Ordnung kommt. Das Problem ist nur, dass sich dadurch nicht wirklich etwas tut. Denn die Vernunft weiß auch, dass es wenig Sinn macht, darauf zu warten, dass sich andere ändern. Mehr Aussicht auf Erfolg hat das aktive Arbeiten an sich selbst. Indem Sie Ihr eigenes Verhalten verändern, sorgen Sie für andere Resultate. Die persönliche Entwicklung ist immer ein Prozess des An-sich-selbst-Arbeitens. Mit anderen Worten: Ohne Engagement geht es nicht. Die Motivation und Umsetzung sowie das Vertrauen in sich selbst sind Grundvoraussetzung für ein gutes Gelingen.

Viel Spaß beim Lesen wünscht Ihnen

1. Karrierekiller Nummer 1: ein Mangel an Empathie

»*Bitte kommen Sie so bald wie möglich vorbei! Wir haben es hier wieder mit einem besonders schwerwiegenden Fall von Empathielosigkeit zu tun.*« Was sich anhört wie ein medizinischer Notfall, ist nichts anderes als der Hilferuf besorgter Personaler, wenn eine Führungskraft mit derselben nüchternen Sachlichkeit, mit der sie vorher Fachthemen anging, ein bislang topmotiviertes Team herunterzuwirtschaften droht. Manchmal geht es auch nur um die Überwindung von Sprachbarrieren. Wenn beispielsweise Techniker ihre Kunden vom Nutzen eines Prozesses nicht überzeugen können oder Verkäufer ihre Begeisterung für das Produkt nicht transportiert bekommen. Der Klassiker ist und bleibt aber, dass hervorragend ausgebildete Spezialisten entweder aufgrund ihrer Expertise oder langjährigen Betriebszugehörigkeit zur Führungskraft aufsteigen und recht bald an ihre Grenzen stoßen.

Dabei ist für die meisten beruflich bis dahin alles glattgelaufen: vom Abi und Studium über die Festanstellung in einem renommierten Unternehmen bis hin zur Etablierung als anerkannter Experte. Fachkräfte verdienen gutes Geld, genießen hohes Ansehen und erhalten die Wertschätzung, die ihnen aufgrund ihrer Leistung gebührt. Mit den neuen Aufgaben ändern sich allerdings die Regeln. Plötzlich funktionieren bewährte Erfolgsformeln nicht mehr. Rein auf technische Probleme ausgerichtete Strategien versagen, wenn es um Themen wie interpersonelle Kommunikation, erhöhte Leistungsbereitschaft, emotionale Bindung oder Konfliktmanagement geht. Denn jetzt haben sie mit etwas zu tun, das sich nur bedingt berechnen, oft nicht einmal im Ansatz logisch begreifen, geschweige denn vernünftig lenken lässt – mit dem Menschen. Er gilt als das komplexeste Element in Organisationen und wird nicht ohne Grund als »darwinistische Wundertüte« bezeichnet.

Einer meiner Klienten, ein wirklich brillanter, aber sehr verkopfter ITler, beschrieb das Phänomen wie folgt: »Füttere ich meinen Computer mit bestimmten Daten, kommen immer dieselben Ergebnisse heraus – egal, um welchen PC es sich handelt. Mache ich dasselbe mit meinen Mitarbeitern, führt dies zu einer Vielzahl an Resultaten, die sich zum Teil widersprechen. Wenn es ganz verrückt läuft, sogar von ein und derselben Person. Da stellt sich mir die Frage: Was passiert da eigentlich auf der Strecke zwischen In- und Output?«

So gerät manch kluger Kopf beim Spurwechsel von der Logik zur Psychologik regelrecht ins Schleudern. Vom Fachkräftemangel aufgerüttelt, beginnen immer mehr Unternehmen, sich um das psychische Wohl ihrer Angestellten zu kümmern. Sie machen derzeit die Erfahrung, dass extrinsische Motivationen wie Bonuszahlungen oder Incentives nicht mehr greifen. Dazu kommt, dass Vertreter der Generationen Y (auch »WHY« genannt) und Z (sprich: alle nach 1995 Geborenen) sich häufig nur schwer motivieren lassen. Waren die vorangegangenen Generationen noch vom System »Anweisungen geben, kontrollieren, auf Macht und Hierarchie setzen« geprägt, verlangen die nachrückenden Mitarbeiter immer mehr einen einfühlsameren Führungsstil. Dieser Führungsstil ist maßgeblich von Offenheit, Dialog, Informationsteilung und Feedback geprägt – also Kennzeichen, die auch typisch für soziale Netzwerke sind, in denen sich die jüngste Generation zu Hause fühlt. Die Bedürfnisse und Ansprüche der Mitarbeiter sind gewachsen. Sie wollen nicht nur bezahlt, sondern auch als Mensch wertgeschätzt und individuell behandelt werden. Talente brauchen tendenziell mehr Herausforderungen, ältere Arbeitnehmer mehr Zuwendung und die Youngster Leitbilder. Diese Unterschiede gilt es ebenso zu berücksichtigen wie die persönlichen Eigenschaften und Stärken des Individuums. Wer darüber hinwegsieht und weiter am Führungsprinzip »Befehl und Kontrolle« festhält, dem laufen über kurz oder lang die Mitarbeiter weg.

Noch bis in die 80er-Jahre hinein war der Empathiebegriff relativ unbedeutend, weil bis dato in der Wirtschaftswelt die Meinung vorherrschte, dass Gefühle dem Verstand unterzuordnen seien. Dies betraf insbesondere die Ansicht über Führungsaufgaben, der zufolge emotionale Distanz zu den Mitarbeitern nötig sei, um die »harten« Entscheidungen treffen zu können, die das Geschäftsleben erfordere. Auch wenn es situationsbedingt nach wie vor sinnvoll sein kann, Gefühle außen vor zu lassen und Befehle zu erteilen, sind sich die Experten einig: Ein motivierter Mitarbeiter leistet um ein Vielfaches mehr als einer, der lediglich Anweisungen befolgt. Bilanzzahlen, Lagerbestände, Unternehmensstrategien – all das ist nach wie vor existenziell wichtig für ein Unternehmen. Wie erfolgreich es ist, hängt vor allem aber von der sozialen Kompetenz seiner Führungskräfte ab, wie die Studie von Timothy Judge und Ronald Piccolo von der University of Florida zeigt. Sie haben das Verhalten von Vorgesetzten in Relation zur Motivation der Angestellten gesetzt: mit dem Ergebnis, dass Mitarbeiter zufriedener, loyaler und motivierter sind, wenn Vorgesetzte ihnen Wertschätzung und Empathie entgegenbringen. Mit beidem ist es allerdings insbesondere in den oberen Führungsetagen schlecht bestellt. Die meisten Führungskräfte können oder wollen sich mit ihren Mitarbeitern nicht mehr als nötig beschäftigen. Eine Ursache dafür ist der zunehmende Dauerstress unserer Leistungs- und Konsumgesellschaft, der hochgradig empathiehemmend wirkt. Stress, Hektik und Gefühle wie Wut und Angst lassen die Menschen so sehr um sich selbst kreisen, dass dadurch der Blick auf den anderen verloren geht. Es sind aber nicht allein die äußeren Umstände dafür verantwortlich, dass die Empathie auf der Strecke bleibt. Oft spielen persönliche Eigenschaften eine viel größere Rolle.

1.1 Die drei Vorgesetztentypen

Als sozial kompetent unter den Managern gilt, wer in der Lage ist, mit dem, was er kommuniziert oder wie er handelt, seine Mitarbeiter emotional dort abzuholen, wo sie stehen – beispielsweise indem er ihnen das Gefühl vermittelt, verstanden und anerkannt zu werden. Aber auch, wenn es darum geht, wunde Punkte und persönliche Motivatoren zu finden. Doch genau das fällt erstaunlich vielen Führungskräften schwer, insbesondere denen, die sich selbst als »sachlichen Typ« bezeichnen. Die meist als Stärke gesehene Rationalität erweist sich besonders in Konfliktsituationen als Schwäche: Bewältigungsstrategien, die rein auf technische Probleme ausgerichtet sind, versagen, wenn es um zwischenmenschliche Belange geht. Oft kommen die mit den Informationen gesendeten Botschaften gar nicht erst an oder lösen Gedanken und Gefühle beim Gegenüber aus, die so nicht beabsichtigt waren.

Ein unempathischer Vorgesetzter mag zwar verstörend wirken und seine Mitarbeiter nicht erreichen, doch ein Übermaß an Empathie ist mindestens ebenso schädlich. Hat ein Chef zu viel Verständnis für die schwierige familiäre Situation eines seiner »Sorgenkinder«, mutet er den anderen Kollegen womöglich zu viel Arbeit zu. Duldet er die abnehmende Leistung eines Einzelnen, schadet er auf Dauer dem gesamten Team. Erfolgreich wird die Führungskraft sein, die eine gute Balance zwischen Verständnis und Autorität findet.

Schauen wir uns doch mal die drei Vorgesetztentypen genauer an:

Der sachliche Typ
Ihm kommt es vorrangig auf Zahlen, Daten und Fakten an. Gefühle und die sogenannten »weichen Faktoren« spielen dagegen eine untergeordnete Rolle. Als sachliche Person analysiert er gerne, bildet Hypothesen und eigene Theorien von Dingen, die er anderen erklärt. Wahrheit und Objektivität stehen bei ihm meist über den sozialen Bindungen. Will heißen: Wenn ein Mitarbeiter die

»Wahrheit« einfach nicht begreifen will, gibt dieser Vorgesetztentyp ihn schnell auf.

Seine Bürotür hält er meist geschlossen. Selbst langjährigen Mitarbeitern gegenüber zeigt er sich eher reserviert. Ihn interessieren keine persönlichen Belange. Für ihn zählen nur Ergebnisse, weswegen er rein nach Leistung beurteilt. Das macht ihn andererseits zu einem gerechten Chef, der jeden fair behandelt, ohne für einen seiner Mitarbeiter eine Vorliebe zu hegen. Im Gegenzug erwartet diese Art von Vorgesetzter ein Höchstmaß an Disziplin und Fleiß. Für ihn ist es ein absolutes No-Go, Verhandlungen oder Projekte aus emotionalen Gründen scheitern zu lassen. Gefühle haben seiner Meinung nach im Job nichts zu suchen.

Der dominante Typ

Sein Führungsstil ist durch Strenge und Ehrgeiz geprägt, was sich vor allem daran zeigt, dass er weder Widersprüche noch Eigenmächtigkeiten duldet. Als »Anführer« einer Gruppe hat er alles unter Kontrolle und trifft Entscheidungen allein. Wenn etwas nicht so läuft, wie er es sich vorstellt, kann er auch schon mal losbrüllen. Die Anforderungen ans Team sind hoch. Das liegt unter anderem an seinem Drang, stets der Beste zu sein. Alphatiere wollen nicht managen – sie wollen gewinnen, und zwar immer. Nachgeben oder einlenken zählen deshalb ebenso wenig zu seinen Stärken wie Feingefühl. Obwohl der dominante Typ grundsätzlich zu Empathie fähig ist, führt er sich bisweilen auf wie der berühmte »Elefant im Porzellanladen«. Seine fehlende Rücksicht sich selbst und anderen gegenüber verleiht ihm gleichzeitig die Fähigkeit, trotz Hindernissen eine Sache durchzusetzen bzw. zu Ende zu führen.

Der weiche Typ

Dieser Vorgesetzte pflegt zu seinen Mitarbeitern ein sehr lockeres Verhältnis und ist mit allen per Du. Ziele können nur gemeinsam im Team erreicht werden. Soziale Kontakte und Bindungen haben bei ihm oberste Priorität. Ihm sind die Gefühle, Wünsche und Bedürfnisse seiner Mitarbeiter extrem wichtig, weswegen seine Bürotür – im Gegensatz zu der seines sachbetonten Kollegen – stets offen steht. So können seine »Schutzbefohlenen« jederzeit mit ihren Sorgen und Nöten zu ihm kommen. Wegen seines Einfühlungsvermögens und seiner Hilfsbereitschaft ist er überaus beliebt. Allerdings besteht bei ihm die Gefahr, zu viel von den Problemen mit nach Hause zu nehmen oder sich ausnutzen zu lassen.

Um es gleich vorwegzunehmen: Vorgesetzter Nummer drei ist eher selten in meinen Trainings anzutreffen, allenfalls wenn er ein Abgrenzungsthema hat und wissen möchte, wie er die Probleme seiner Mitarbeiter im Job lässt. Wer die Wahrnehmung für sich selbst verliert, verliert zudem schnell den eigenen Standpunkt aus den Augen. Wesentlich öfter habe ich es mit den anderen beiden Chefkategorien zu tun. Das Alphatier nutzt seine durchaus vorhandene emotionale Intelligenz dazu, seine Position zu unterstreichen und die Mannschaft unter Kontrolle zu halten. Deshalb liegt bei der Entwicklungsarbeit mit ihm der Fokus auf seiner inneren Haltung: mit dem Ziel, hierarchische Überlegenheit durch innere Souveränität zu ersetzen.

Rational geprägten Führungskräften hingegen fehlen aufgrund ihrer Langzeitfokussierung auf Sachthemen die Erfahrung und auch die Techniken, um sich auf die Bedürfnisse der Mitarbeiter einzustellen oder diese auch nur zu erkennen. Sie wissen es schlichtweg nicht besser. Zwar beabsichtige ich an dieser Stelle nicht, eine Diskussion darüber zu entfachen, welcher der genannten Vorgesetztentypen zur Führung besser taugt. Wohl aber lässt sich leicht erkennen, wer bei dem Versuch, seine Mitarbeiter emotional mitzureißen, vor größeren Herausforderungen steht. Wir konzentrieren uns in diesem Buch auf den sachlichen Typ, ohne die anderen vollkommen aus dem Blick zu verlieren.

2. Die fünf größten Irrtümer über Empathie

Was sich über sämtliche Chefkategorien hinweg hartnäckig hält, ist ein verzerrtes oder zumindest unvollständiges Bild von Empathie. Vermutlich gibt es kaum einen Begriff, mit dem sich die Gelehrten mehr beschäftigt haben und der trotzdem in seiner Definition unklar oder zumindest unscharf ist. Das passiert, wenn etwas nicht konkret messbar ist. Daher ist es kaum verwunderlich, dass viele Irrtümer und sogar Vorurteile über Empathie existieren. Aus ihnen resultieren meiner Erfahrung nach die meisten Berührungsängste. Vorurteile stehen aber dem Lernen im Wege, weil sie das Gehirn dominieren. Schlimmer noch: Sie verdrängen die Empathie. Das ergab eine Studie von Alessio Avenanti von der Universität Bologna aus dem Jahr 2010. Zusammen mit Kollegen zeigte er den Probanden Videoaufnahmen, auf denen Hände einer dunkelhäutigen Person zu sehen waren, die entweder mit einer Nadel gestochen oder mit einem Wattestäbchen gestreichelt wurden. Währenddessen maßen die Wissenschaftler die Gehirnaktivitäten der Freiwilligen. Und siehe da: Bei den vorurteilsfreien Versuchsteilnehmern wurden die Hirnareale aktiv, die für Emotionen und Schmerzempfinden zuständig sind. Mit anderen Worten: Sie fühlten mit den Betroffenen. Doch als Avenanti den feindlich eingestellten Probanden dieselben Bilder zeigte, blieb diese Reaktion aus.

Vorurteile, Denkfallen und Fehlinterpretationen führen dazu, dass wir blockiert sind. Obwohl die Forderungen nach mehr Empathie und ihrer Förderung immer lauter werden, ist in der praktischen Umsetzung sogar ein allgemeiner Rückgang von Empathiefähigkeit zu beobachten. Vor allem im Topmanagement lässt sich eine zunehmende Dominanz »antiempathischer« Werthaltungen beobachten. Wer als Führungskraft seinem Erfolg nicht im Wege stehen will, muss sich nicht nur mit der Thematik auseinandersetzen, sondern vor allem auch mit sich selbst. Lassen Sie uns deshalb zuallererst mit den fünf größten Irrtümern in Sachen Empathie aufräumen!

Irrtum 1: Ich muss fühlen, was der andere fühlt

Dabei handelt es sich um den wohl verbreitetsten Irrtum, weswegen er hier auch auf Platz eins landet. Da Empathie gerne in einem Atemzug mit »Mitleid« und »Gefühlsansteckung« verwendet wird, hat sich in vielen Köpfen das Bild festgesetzt, man müsse zwingend mitfühlen und selbst auch emotional reagieren. Das wiederum ist nicht jedermanns »Ding«, schon gar nicht, wenn es mit unangenehmen Empfindungen verbunden ist. Denn während der erste Begriff buchstäblich »Leid« verspricht, erinnert der zweite an einen Grippevirus. Beides ist keine besonders attraktive Vorstellung.

Richtig ist: Sich vorstellen zu können, wie der andere sich fühlt, ist etwas anderes, als dessen Position einzunehmen und sich zum Betroffenen zu machen. Führungskräfte sollten die Emotionen ihrer Mitarbeiter erkennen, respektieren und konstruktiv damit umgehen können. Sie müssen aber nicht mit ihnen fühlen, geschweige denn mitleiden.

Irrtum 2: Empathie ist nur etwas für Weicheier

Empathie wird häufig mit Nachsicht verbunden, weswegen viele Manager sie als ein Zeichen mangelnder Durchsetzungsfähigkeit sehen und somit als Schwäche werten. Wenn überhaupt sei das etwas für Vertreter sozialer Berufe – als wäre Menschlichkeit ein Privileg von Krankenschwestern, Therapeuten oder Seelsorgern. In Ermangelung wohlwollender Objektivität werden Lernformen zitiert, die an alternative Heilmethoden erinnern und automatisch Assoziationen zu Klangschalentherapie und Räucherstäbchen wecken. Derart verunglimpft gerät Empathie schnell in eine esoterische Ecke, von der sich »seriöse« Manager bewusst distanzieren.

Richtig ist: Empathisch sein bedeutet nicht, immer nachgeben zu müssen, sondern mehr über seine Mitmenschen zu wissen. Wer versteht, was in einem anderen vorgeht, welche Wünsche und Bedürfnisse er hat, kann mit diesem Wissen bei Kollegen, Kunden und Mitarbeitern punkten.

Irrtum 3: Empathie ist angeboren und darum nicht erlernbar

Tatsächlich bringt jeder Mensch die Grundvoraussetzungen mit. Von daher ist es keineswegs falsch zu sagen, dass Empathie angeboren ist. Aber nicht jeder entwickelt sie in demselben Maß. Hier spielt unter anderem die Erziehung eine Rolle, sodass das Empathiespektrum breit gefächert ist. Wie viel jemand dazulernen muss, hängt davon ab, ob man sich am hochfunktionalen Ende befindet oder aber massive Probleme in der Interaktion mit seinem sozialen Umfeld hat. Die meisten Menschen bewegen sich irgendwo zwischen diesen beiden Polen.

Richtig ist: Empathie ist nicht nur eine angeborene Eigenschaft, die eine intuitive Verbindung zwischen allen Menschen herstellt, sondern vor allem auch eine Kompetenz, die sich gezielt trainieren und fördern lässt. Somit kann jeder Mensch – unabhängig von seiner genetischen und erzieherischen Ausgangsposition – seine Empathiefähigkeit steigern. Okay, vielleicht erreicht nicht jeder das Level einer Mutter Teresa. Eine im Alltag spürbare Verbesserung ist aber auf alle Fälle machbar. Sie müssen sich also schon eine bessere Ausrede einfallen lassen, wenn Sie kneifen wollen.

Irrtum 4 : Verständnis haben heißt einverstanden sein

Neben dem Irrglauben, zwingend mitfühlen zu müssen, dürfte dieser Punkt mit die heftigsten Proteste auslösen – als läge im Verständnis gleichzeitig auch das Einverständnis. Dies ist aber weder logisch noch moralisch haltbar. Rational nachvollziehen zu können, was jemanden zu einer bestimmten Handlung oder Aussage veranlasst hat, bedeutet keineswegs, es auch gutzuheißen. Stellen Sie sich vor, was das für unser Rechtssystem bedeuten würde: Straftäter mit einer schwierigen sozialen Ausgangslage erhielten für ihre Taten nicht nur mildernde Umstände, sondern gleich eine Art Freifahrschein. Das kann nicht im Sinne der Gerechtigkeit sein. Ebenso wenig wie es Sinn und Zweck von empathischem Verhalten ist, mit jedem und allem einverstanden zu sein.

Richtig ist: Wenn Sie sich den Motiven, die dem Handeln eines Mitarbeiters zugrunde liegen, zuwenden, fällt es Ihnen leichter, ihn zu verstehen. Gleichzeitig bleiben Sie vielleicht auch weiterhin mit der gewählten Strategie nicht einverstanden, und das ist absolut in Ordnung. Denn Professionalität zeigt sich darin, dass man in begründeten Fällen als Führungskraft nicht zurückweicht, sondern bewusst die Auseinandersetzung sucht. Das braucht nicht im Widerspruch zu einem wertschätzenden, auf Toleranz und Rücksicht basierenden Arbeits- und Lernklima zu stehen.

Irrtum 5: Empathie bedeutet, das zu tun, was andere möchten

Dabei handelt es sich um eine Unterkategorie des vorangegangenen Punktes. Kommen Sie den Interessen und Bedürfnissen anderer nicht nach, wird schnell Kritik laut, Sie seien nicht empathisch genug. Sie werden als sozial inkompetent hingestellt und können dem nur entgehen, indem Sie Ihr Verhalten den Wünschen Ihres Gegenübers unterordnen. Merken Sie was? Hier versucht Sie jemand zu manipulieren. Der Vorwurf soll Sie dazu bringen, Ihre Handlungsweisen zu überdenken und sich den Wünschen des anderen anzupassen.

Richtig ist: Verständnis liefert keine Garantie auf Wunscherfüllung. Auch Ihr Gegenüber wird nicht auf alle Ihre Befindlichkeiten eingehen können oder wollen. Nehmen Sie die Gefühlsregungen anderer wahr, aber richten Sie Ihr Verhalten nicht ausschließlich danach aus. Ein begründetes Nein ist immer erlaubt. Schließlich haben Sie einen Führungsauftrag. Da können schon mal Entscheidungen fallen, die von Mitarbeitern als nicht besonders empathisch empfunden werden.

3. Definition von »Empathie«

Wie sich zeigt, haben einige der Fehleinschätzungen ihren Ursprung in einem unvollständigen oder falschen Begriffsverständnis. Tatsächlich eröffnet sich einem beim Nachschlagen des Wortes »Empathie« ein wahrer Definitionspluralismus. Das liegt zum einen daran, dass der Begriff einem ständigen Wandel unterzogen ist, zum anderen findet »Empathie« in verschiedenen Bereichen Anwendung und wird entsprechend unterschiedlich ausgelegt. Zwar werden regelmäßig entweder kognitive oder affektive Elemente als Grundlage genannt, jedoch herrscht wenig Einigkeit darüber, welches Gewicht jedem dieser Elemente zukommt. Somit verbindet der eine mit diesem Begriff »Einfühlungsvermögen«, während es für andere der Versuch einer Person ist, »*die Erfahrungen und speziell auch Gefühle anderer nachzuvollziehen und zu verstehen, indem sie sich aktiv in die Position der anderen hineinversetzt*« (Bierhoff, 2006).

Es gibt eine akzeptable Schnittmenge, sodass wir uns als Arbeitsbasis auf den kleinsten gemeinsamen Nenner verständigen können: Empathie ist die Fähigkeit und Bereitschaft, die Gedanken und Empfindungen anderer Personen wahrzunehmen und zu verstehen. Dies kann auf kognitive, emotionale und soziale Weise erfolgen.

3.1 Die drei Teilkompetenzen

Der bekannte Emotionsforscher Paul Ekman unterschied als einer der Ersten zwischen der kognitiven und der emotionalen Empathie. Während uns Erstere erkennen lässt, was ein anderer fühlt, verleiht uns Letztere die Fähigkeit, es auch nachzuempfinden. Der US-amerikanische Psychologe und Wissenschaftsjournalist Daniel Goleman fügte noch eine dritte – die soziale – Teilkompetenz hinzu. Bei der sozialen Empathie handele es sich um die Fähigkeit, komplexe Systeme mit Menschen unterschiedlicher Kulturen,

Charaktereigenschaften und Werthaltungen zu verstehen, um mit ihnen kommunizieren zu können.

Schauen wir uns die drei Teilkompetenzen im Einzelnen an:

1. **Emotionale Empathie**

   Der emotionale Aspekt der Empathie umfasst das Erleben einer affektiven Reaktion, die durch den Zustand einer anderen Person hervorgerufen wird. Vereinfacht gesagt ist es die Fähigkeit, emotional nachzuempfinden, wie sich ein anderer Mensch fühlt. Wenn jemand erkennt, dass eine andere Person traurig ist, dann berührt ihn das und er verspürt schnell den Wunsch zu helfen.

2. **Kognitive Empathie**

   Kognitiv empathisch ist jemand, der sich mental in die Lage eines anderen hineinversetzen kann, um zu verstehen, was in ihm vorgeht, jedoch ohne dabei die Empfindungen seines Gegenübers zu übernehmen. Kognitive Fähigkeiten ermöglichen es dem Menschen, die Motive, Gedanken und Absichten einer Person zu erkennen – wozu auch durchaus intuitive Bestandteile gehören, solange diese auf rationalen Abläufen im Gehirn basieren.

3. **Soziale Empathie**

   Ein Team, eine Gruppe oder eine gesamte Organisation verhalten sich immer anders als einzelne Personen. Sozial empathisch ist, wer sich auch spontan »richtig« auf Menschen mit äußerst unterschiedlichen charakterlichen Eigenschaften aus verschiedenen sozialen Schichten, Altersgruppen oder Kulturen einstellen kann. Es ist eine vom Ich auf das Wir ausgedehnte Form der Empathie.

Im Sport sind es die Trainer, in der Marktwirtschaft die Manager, die oft ein gutes Gespür dafür haben, wie sie ihr Team zusammenstellen und den Zusammenhalt fördern. Auch ein Unternehmer muss in der Lage sein, zutreffend abzuschätzen, wie sich bestimmte Entscheidungen über sämtliche Hierarchieebenen hinweg auswirken werden.

Für alle drei Seiten der Empathie gilt: Weil es sich im Wesentlichen um eine beobachtbare Reaktion handelt, die in gewissen Situationen gezeigt wird, bedarf es einer Interaktion. Es ist also unmöglich, für sich allein empathisch zu sein. Man braucht Mitmenschen, auf die man reagieren kann. Dabei geht es zunächst nur um die reine Wahrnehmung und das Verstehen des Wahrgenommenen. Was danach geschieht, ist eine Reaktion auf das Wahrgenommene. Die Reaktion auf das empathisch Wahrgenommene zeigt sich meist entweder durch das Verständnis, das jemand aufbringt, oder in Form von Gefühlen wie Freude, Trauer, Angst oder Mitleid. »*Kognitive Empathie lässt uns erkennen, was ein anderer fühlt. Emotionale Empathie lässt uns fühlen, was der andere fühlt, und das Mitleiden bringt uns dazu, dass wir dem anderen helfen wollen [...].*« (Ekman, 2007)

Dadurch wird auch klar, was Empathie nicht ist: Empathie selbst ist kein Gefühl, sondern lediglich die Fähigkeit, die Gefühle anderer Personen zu erkennen.

3.2 Abgrenzung zu verwandten Begriffen

Neben diesen unterschiedlichen Facetten der Empathie gibt es verwandte Begriffe, die zwar oft mit ihr in Verbindung gebracht oder sogar verwechselt werden, die aber klar voneinander zu trennen sind.

- **Mitleid** ist die gefühlte Anteilnahme am Schmerz und Leid anderer. Es löst in einem den Impuls zum Helfen oder Trösten aus und ist eine Folge des Einfühlens. Allerdings ist im Businesskontext das buchstäbliche »Mit-Leiden« weder gefordert noch angebracht.

- Unter »**Sympathie**« versteht man die spontane Zuneigung zwischen zwei Personen. Sie entsteht meist unbewusst und äußert sich durch ein unbestimmtes Gefühl von innerer Verbundenheit. Die Gemeinsamkeit zwischen Empathie und Sympathie liegt in derselben »Wellenlänge«. Sicherlich begünstigen sie sich gegenseitig, haben aber eine ganz unterschiedliche Bedeutung: Empathie bedeutet Verständnis, Sympathie Zuneigung.

- Ein anderer Begriff, der häufig zu Verwechselungen führt, ist »**emotionale Intelligenz**«. Darunter versteht man das Erkennen und den adäquaten Umgang mit seinem eigenen Innenleben und dem von anderen. Neben Empathie und Selbstempathie bezieht emotionale Intelligenz zusätzlich noch den gekonnten Umgang mit Gefühlen, Einstellungen und Charaktereigenschaften ein.

- Auch »**Menschenkenntnis**« ist ein verwandter Begriff. Ein wichtiger Unterschied ist, dass Menschenkenntnis sich tendenziell eher auf langfristig stabile Eigenschaften wie Temperamente oder den Charakter bezieht, während mit Empathie eher kurzfristige Gedanken und Emotionen gemeint sind.

3.3 Gegenteil und (Wechsel-)Wirkung

Emotionale, kognitive und soziale Empathie sind nicht klar voneinander abgegrenzt, sondern ergänzen und überlappen sich in Teilen. Wenn Ihnen beispielsweise ein Kollege, der sich seit 20 Jahren im Unternehmen befindet, von seiner Entlassung erzählt, dann sind Sie als emotional empathischer Mensch ebenso geschockt wie er. Sie fühlen so sehr mit Ihrem Kollegen, dass auch Sie stinksauer auf die Geschäftsleitung sind. Als kognitiver Empath können Sie seine Enttäuschung über die Art und Weise, wie man ihn »abserviert« hat, nachvollziehen und bieten ihm Ihre Unterstützung an. Als sozial empathischer Mensch können Sie sich gut vorstellen, welche Folgen die Entlassung nicht nur für ihn selbst, sondern auch für seine Familie hat. Hochempathen verfügen über starke Ausprägungen aller drei Teilbereiche.

Für das Gegenteil lässt sich nicht so einfach ein Begriff finden, denn unter »Apathie« wird die allgemeine Teilnahmslosigkeit verstanden. Und auch wenn es Narzissten oftmals an Einfühlungsvermögen mangelt, stellen sie nicht das Gegenteil eines empathischen Menschen dar. Sie erkennen die Emotionen anderer Menschen durchaus, nutzen dies aber, um ihr Umfeld zu manipulieren.

3.4 Chancen, Risiken und Nebenwirkungen

Auf der individuellen Ebene belegt inzwischen eine Vielzahl von Studien den wirtschaftlichen Nutzen empathischer Führungskräfte. Verständnis, Vertrauen und Verantwortungsgefühl sind von besonderer Relevanz, weil sie auf die neuen Anforderungen unserer Leistungsgesellschaft vorbereiten. Konkret kommt dies in der aktuellen Diskussion um die »Generation WHY« und die »neue Führungskraft 2020« zum Tragen. Eine sozial kompetente Führungskraft zeichnet sich durch die Kunst aus, Forderungen durchzusetzen, im Zweifel auch zu kritisieren, zu unterstützen und Klarheit und Orientierung zu geben, ohne die Mitarbeiter aus dem seelischen Gleichgewicht zu bringen.

Chancen

Die größten Vorteile bringt Empathie mit sich, wenn man mit anderen Menschen in Kontakt tritt. Beziehungen können verbessert und Konflikte vermieden werden. Denn wenn alle Beteiligten nicht nur die eigene Position sehen, sondern sich auch in die des anderen versetzen, kommt es gar nicht erst zum Streit. Ein sozial kompetenter Vorgesetzter sorgt zudem für die Stärkung der Gemeinschaft, was sich nicht nur auf die Zufriedenheit der Mitarbeiter, sondern auch auf deren Leistung positiv auswirkt.

In unserer Ellenbogengesellschaft, in der jeder für sich allein kämpft und sich dementsprechend einsam fühlt, ist Empathie *das* Heilmittel für unsere sozialen Wunden.

Hier ein Überblick darüber, warum es sich lohnt, an seiner Empathiefähigkeit zu arbeiten:

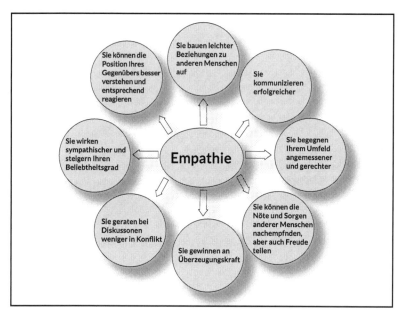

Abb. 1: Vorteile von Empathie

Risiken

Die größte Gefahr besteht darin, sich ausnutzen zu lassen und zum Kummerkasten für andere zu werden. Das passiert, wenn die eigenen Einstellungen und Gefühle in den Hintergrund rücken und dadurch auch die eigenen Bedürfnisse hintangestellt werden. Wer zu sehr mitfühlt, verausgabt sich zudem schnell. Für das Hormonsystem macht es nämlich keinen Unterschied, ob eigene Gefühle wahrgenommen werden oder die eines anderen. Das ergab eine Studie der Universität Alabama aus dem Jahr 2009, an der 800 Berufstätige teilnahmen. Dabei zeigte sich, dass diejenigen, die im Job besonders einfühlsam waren, nach Feierabend kaum noch Energie aufbrachten, soziale Beziehungen und Freundschaften zu pflegen. Deswegen ist es an vielen Stellen einfach gut und wichtig, sich emotional nicht runterziehen oder von den Problemen anderer Menschen belasten zu lassen.

Hier sind Frauen deutlich mehr gefährdet, wie Jenny Niederstadt in ihrem Artikel in der »Die Zeit« schreibt: »*Roberto Mercadillo von der Universität Queretaro in Mexiko präsentierte im Jahr 2011 jeweils zwölf Männern und Frauen Bilder kranker Kinder, beide Gruppen waren emotional betroffen. Unter dem Hirnscanner zeigte sich aber, wie unterschiedlich die Gefühle verarbeitet wurden: Während bei den Männern nur einzelne Areale im Hirn ansprangen, reagierte bei den Frauen gleich ein ganzes Netzwerk. Dieses aktiviert starke Gefühle – und steigert die Hilfsbereitschaft.*«
Und genau die wird den Frauen oft zum Verhängnis. Viele weibliche Führungskräfte haben zu viel Verständnis für die Nöte anderer. Der Mitarbeiter macht gerade privat eine schwere Zeit durch. Die Kollegin hat ein krankes Kind zu Hause. Also erledigen sie deren Job dann eben auch noch mit. Das kostet nicht nur Zeit, sondern auch Kraft, die sie besser in die eigene Arbeit stecken könnten. Hier hilft gesunder Egoismus. Da die aufgeführten Negativerscheinungen aber vor allem einem Zuviel an Empathie geschuldet sind, dürften Sie weniger gefährdet sein – es sei denn, Sie schießen über das Trainingsziel hinaus.

Lassen Sie uns hier noch über ein anderes Thema sprechen: Der kognitiven Empathie hängt ein wenig das Image an, einstudiert zu wirken oder sogar für Manipulationen missbraucht zu werden. Tatsächlich erleben wir es täglich in der Werbung, bei den Medien und auch bei Politikern, dass sie sich bestimmter Techniken bedienen, um interessiert und empathisch zu wirken. Obwohl ich an späterer Stelle noch einmal explizit auf den Punkt »Authentizität« eingehe, möchte ich schon einmal klarstellen: Natürlich zielt das Training nicht darauf ab, Ihnen ein seelenloses Werkzeug an die Hand zu geben, um im Sinne von Machiavelli aus reiner Berechnung Ihre Mitarbeiter zu manipulieren. Es soll Sie befähigen, eine von gegenseitigem Respekt und Vertrauen geprägte Beziehung herzustellen, eine gute Arbeitsatmosphäre zu schaffen und gemeinsam Ziele zu erreichen. Der unternehmerische Nutzen, der darin liegt, ist ebenso legitim wie der Wunsch des Mitarbeiters nach einem aufrichtigen Interesse an seiner Person. Es liegt einzig und allein an Ihnen, wie und wofür Sie das Erlernte einsetzen.

Nebenwirkungen

Nicht nur im Kontakt mit anderen, sondern auch mit sich selbst können soziale Kompetenzen von Nutzen sein. Wenn Sie Verständnis für die eigenen Fehler und Macken aufbringen, wirkt sich das genauso positiv auf andere aus. Durch das Empathietraining wird in der Regel nicht nur das Kompetenzspektrum erweitert und an Ausdrucksstärke hinzugewonnen. Auch Einstellungen und das innere Erleben verändern sich. Es ist kein Geheimnis, dass unsere Gedanken Einfluss auf unsere Gefühle haben. Immerhin handelt es sich um komplementäre, sich ergänzende Erkenntnisformen. Wissenschaftler haben nachgewiesen, dass zwischen den beiden Neuronensystemen, die es für die emotionale und kognitive Empathie gibt, eine kontinuierliche Interaktion stattfindet. Die Systeme sind so stark miteinander verbunden, dass selbst wenn wir uns in Situationen befinden, die scheinbar nur nach einer Empathieform fragen, alle anderen aktiviert sind. Damit sind Emotionen immer irgendwie mit von der Partie, sodass es sein kann, dass einige durch die permanente Auseinandersetzung mit dem Thema an die Oberfläche geraten und spürbar werden. Betrachten Sie es einfach als schönes Add-on.

3.5 Messbarkeit

»Empathie können wir nicht anfassen, direkt beobachten, objektiv messen oder als einzelne Erfahrung erleben. Aber wir können diverse Erfahrungen machen und verschiedene Phänomene beobachten, die wir dem Begriff Empathie zuordnen können.« (Liekam, 2012) Und so kommt es, dass Empathie – obwohl es sich bei der Psychologie um eine empirische Wissenschaft handelt, die anders als die Mathematik ihre Erkenntnisse mithilfe auf Erfahrung beruhender Verfahren gewinnt, und obwohl Empathie bis heute nicht einheitlich definiert ist – in Forschungskreisen als messbar gilt (Davis, 1983; Hogan, 1969; Jolliffe und Farrington, 2006). Die bisherigen Erhebungen beziehen sich auf die Therapeuten-Klienten-Beziehung innerhalb eines klinischen Interaktionskontextes. Es spricht aber nichts dagegen, sich dieser Techniken zu bedienen:

Selbsteinschätzung

Zunächst kann jeder seine Empathiefähigkeit natürlich selbst einschätzen. Das geschieht meist in der Retrospektive, das heißt, dass die Einschätzung sich auf vorangegangene Situationen bezieht, was nicht weiter tragisch ist. Deutlich mehr ins Gewicht fällt da die fehlende Distanz und damit auch Objektivität.

Fremdeinschätzung

Alternativ zur Selbsteinschätzung lässt sich auch direktes Feedback vom Interaktionspartner einholen. Dieser Form der Einschätzung wird besondere Bedeutung beigemessen, da letztendlich nur er bestimmt, ob er sich verstanden und angenommen fühlt. Aber auch Mitarbeiterumfragen wie das 360-Grad-Feedback können zweckdienlich sein.

Beobachtereingeschätzte Verfahren

Da sich Empathie im Verhalten widerspiegelt, kann ein Gespräch per Video aufgezeichnet und anschließend von einem neutralen Dritten (Berater, Therapeut, Coach etc.) analysiert werden. Aber auch ohne fremde Unterstützung können Sie sich das aufgezeichnete Gespräch anschauen. Dabei lässt sich im Nachgang sehen, wann Sie aktiv zugehört, paraphrasiert oder sonst irgendwie interagiert haben. Und es lässt sich erkennen, wo Sie sich gegebenenfalls hätten anders verhalten sollen, wenn der Gesprächspartner nicht positiv auf die gezeigte Verhaltensweise reagiert hat.

Insgesamt muss man sagen, dass für den Versuch, Empathie messbar oder zumindest – in Bezug auf andere empathische Menschen – vergleichbar zu machen, nur reale Handlungen herangezogen werden können. Der wohl wichtigste Punkt dabei ist die Beschreibung konkreter Verhaltensweisen. Über den Handlungserfolg selbst entscheidet letztendlich der Interaktionspartner. Denn was nützt es, zwar objektiv betrachtet die definierten Kriterien erfüllt zu haben, wenn beim Gegenüber nichts von alledem angekommen ist.

4. Die zwei Ebenen des Verstandes

Die Fähigkeit, mental zu interagieren und in emotionale Resonanz zu treten, gehört zur psychischen Grundausstattung des Menschen. Sie ist Teil unseres genetischen Erbgutes und gewährleistet unser Überleben. Ohne Empathie würden wir wohl kaum einander verstehen oder uns anderen zuwenden. Die Frage, ob es sich beim Einfühlungsvermögen um eine Notwendigkeit oder reinen Luxus handelt, dürfte damit beantwortet sein. Wäre wohl ansonsten eine so hoch entwickelte Spezies wie der Homo sapiens, die sich nach dem darwinistischen Prinzip über 300.000 Jahre lang optimiert hat, genetisch mit den Basics ausgestattet?

Logisches Denken hat insbesondere in unserem Berufsleben einen hohen Stellenwert und gilt als Garant für solide Erkenntnisse, tragfähige Lösungen und ausgewogene Urteile. Es zeichnet sich dadurch aus, dass Fakten zusammengetragen und ausgewertet und Pro und Kontra abgewogen werden, um für die Erreichung des angestrebten Ziels die richtigen Mittel und Wegen zu wählen. Logisches Denken befähigt uns zudem, Ursache und Wirkung sowie Zusammenhänge zu erkennen. In Bezug auf die (Selbst-)Disziplin dürfte die Vernunft oft unser letzter Rettungsanker sein, bevor wir in unerwünschte Verhaltensweisen abdriften. Allerdings eignet sich Logik nur bedingt dafür, Mitarbeiter zu motivieren. Zu den größten Nachteilen von Rationalität zählt nämlich die Tatsache, dass sie vergleichsweise wenig Energie erzeugt. Mit anderen Worten: Sie überzeugt, aber sie reißt nicht mit. Nach einer detaillierten Analyse und faktischen Gegenüberstellung von Für und Wider kann es sein, dass wir zwar genau wissen, was richtig wäre, aber nicht die geringste Motivation verspüren, das Vorhaben in die Tat umzusetzen.

Wenn Sie schon mal einen Changeprozess miterlebt haben, wissen Sie, wovon ich spreche. Allein durch logische Argumente wird es kaum gelungen sein, alle Mitglieder für die Neuerungen zu begeistern. Veränderungen rufen bei vielen Menschen große Unsicherheiten hervor. Schon in der Analysephase sollten Unternehmen deshalb aufpassen, dass sie sich nicht ausschließlich auf die Fakten konzentrieren. In der Praxis überwiegt dieser Aspekt meistens, weil Techniker oder Kaufleute an der Spitze des Managements stehen. Wichtig ist es aber, einen integrativen Ansatz zu wählen, der auch die psychologische Seite berücksichtigt. Wenn zum Beispiel die Ziele klar definiert sind, sollten nur die für die Mitarbeiter relevanten Aspekte bekannt gegeben werden, um zu vermeiden, dass die Gerüchteküche brodelt, dass Informationen gestreut werden, die nicht zielführend sind und nur zu weiteren Verunsicherungen führen. Um Empathie als Kompetenz zu verstehen und zu nutzen, müssen sich Emotion und Kognition letztlich zu einem Gesamtbild zusammenfügen.

Für die meisten sind Fühlen und Denken etwas komplett Unterschiedliches. Dabei haben nicht nur Hirnforscher dieses veraltete Bild längst korrigiert. Der bekannte Emotionsforscher Daniel Goleman verwendet als einer der Ersten den Begriff des »emotionales Denkens«. Er bedient sich einer vereinfachten schematischen Darstellung, die die komplexen Abläufe im Gehirn veranschaulicht.

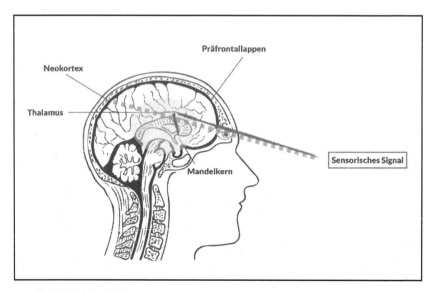

Abb. 2: Limbisches System

Der Mandelkern wird als Zentrum des emotionalen Denkens im Gehirn angesehen. Er ist Teil des limbischen Systems. Ein sensorisches Signal vom Auge oder vom Ohr wird über den Thalamus direkt zum Mandelkern geleitet. Ein zusätzliches Signal wird über einen längeren Weg zum Neokortex, dem Sitz des Denkens, geleitet. Die kürzere Bahn erlaubt es dem Mandelkern, Inputs direkt von den Sinnesorganen zu empfangen und vor dem Neokortex zu reagieren. Der Mandelkern spielt die Rolle des emotionalen Wächters: Er tastet Ereignisse nach Anzeichen von Schwierigkeiten ab und leitet Impulse an den Neokortex weiter. Zugleich managt er – als Zentralsitz unserer Gedanken – auch unsere Gefühle. Insbesondere die Präfrontallappen direkt hinter der Stirn kontrollieren die Emotionen, indem sie den Mandelkern und andere limbische Bereiche dämpfen, um Situationen neu einzuschätzen und um effektiver mit ihnen umzugehen. Wird ein Gefühl ausgelöst, analysieren die Präfrontallappen innerhalb kurzer Zeit mögliche Verhaltensweisen und wählen die beste Alternative aus. Die Zusammenarbeit von Mandelkern und Neokortex scheint perfekt zu sein: Der emotionale Wächter signalisiert Gefahr, während der Manager der Gefühle eine besonnene Verhaltensweise wählt.

Emotionen entstehen somit ebenfalls im Gehirn. Nicht der Bauch und auch nicht das Herz, sondern das limbische System in unserem Kopf ist für unseren Gefühlszustand verantwortlich. Der eigentliche Grund, warum mehr Hirn als Herz benötigt wird, um Mitarbeiter emotional mitzunehmen, liegt aber in der Tatsache, dass die allermeisten Fertigkeiten, die dazu benötigt werden, Denkleistungen sind. Sie setzen sich aus einer Vielfalt geistiger Vorgänge zusammen, die das Aufnehmen und Verstehen von Informationen ermöglichen. Dank mentaler Anstrengungen gelingt es uns, Körpersignale zu entschlüsseln, Persönlichkeiten zuzuordnen und Perspektiven zu wechseln. Der emotionale Aspekt spielt nur bedingt eine Rolle; um ihn wird aber nichtsdestotrotz ein meiner Meinung nach völlig unverhältnismäßiger Hype gemacht. Erst recht, wenn man bedenkt, dass dieser Teil als »Gratisgabe« der Natur quasi mit zur Grundausstattung des Menschen gehört.

Das Mitempfinden entwickelt sich etwa in der Mitte des zweiten Lebensjahres, wenn sich die Spiegelneuronen bilden. Dabei handelt es sich um ein Resonanzsystem in dem Teil unseres Gehirns, welches für die Gefühle zuständig ist. Das bedeutet, wir registrieren unbewusst die Gefühlslage unseres Gegenübers und übernehmen dessen Emotionen. Im Grunde brauchen wir eine Geste, einen Gesichtsausdruck oder eine Haltung nur zu beobachten und sofort reagieren die Spiegelneuronen. Sie sind allzeit aktiv, reflektieren und kopieren ein Verhalten. Das geschieht alles unbewusst und damit ohne großen Energieeinsatz. Beim Betrachter lösen sie ein Gefühl aus, als wenn er selbst die Handlung vollführt hätte. Je aktiver die Spiegelneuronen sind, desto größer die Empathie und umgekehrt.

Daneben entwickelt sich ebenfalls im Kleinkindalter die *Theory of Mind*, also die Fähigkeit, sich kognitiv in andere hineinzuversetzen, was es uns ermöglicht, Handlungen und Motive anderer Menschen zu erkennen und ein Verständnis zu entwickeln. Auf der Basis dieser Informationen können wir sogar deren künftiges Verhalten einigermaßen verlässlich vorhersagen. Allerdings ist die Empathie bei jedem Menschen anders ausgeprägt. Die individuellen Unterschiede basieren auf biologischen Komponenten (Prädisposition) und Umwelteinflüssen. Wer als Kind keine Vorbilder hatte, weiß schlichtweg nicht, wie es geht. Und wem allgemein für soziale Interaktionen nützliche Fertigkeiten sowie Selbstachtung, Ich-Stärke und Wahrnehmungsvermögen fehlen, dem dürfte es schwerfallen, sich auch nur ansatzweise in andere hineinzuversetzen.

4.1 Die Entdeckung der Spiegelneuronen

Die Entdeckung der Spiegelneuronen beruht auf einem Zufall. Als vor 20 Jahren der italienische Neurophysiologe Giacomo Rizzolatti und seine Kollegen an der Universität von Parma die neuronale Repräsentation von Bewegungsabläufen und Planungen im Gehirn von Säugetieren untersuchen wollten, platzierten sie Elektroden im unteren Teil des prämotorischen Kortexes eines Makaken. Während dieses Tests zeigte sich, dass das Messgerät zur Erfassung der neuronalen Aktivität des Areals nicht nur dann ansprach, wenn der Affe selbst nach einer Nuss griff, sondern auch, wenn es ein Artgenosse tat. In beiden Fällen wurde ein weitgehend identisches Muster neuronaler Aktivität erfasst (Rizzolatti und Sinigaglia, 2008). Da die Handlung auf neuronaler Ebene gespiegelt wird, wurden die im passiven Miterleben feuernden Neuronen als Spiegelneuronen bezeichnet.

Verletzt sich eine uns nahestehende Person, werden wir den Schmerz bei uns selbst an derselben Stelle spüren. Die emotionale Ansteckung lässt sich aber auch in anderen Situationen beobachten. Vielleicht haben Sie das auch schon erlebt: Sie sind mit einem guten Freund verabredet und treffen sich in Ihrer Lieblingskneipe. Sie amüsieren sich prächtig, bis ein Bekannter dazustößt, dem sichtlich eine Laus über die Leber gelaufen ist. Und auch wenn er nicht direkt seine Probleme anspricht, drückt seine miese Stimmung allen aufs Gemüt. Der Abend ist gelaufen. Aus der geselligen Bierrunde wird schnell ein übel gelauntes Männertrio.

Ob und wie sensibel wir auf die Gefühle anderer Menschen reagieren, hängt nach neusten Erkenntnissen zu zehn Prozent von unseren Genen ab. Die restlichen 90 Prozent werden von Sozialfaktoren wie beispielsweise die Erziehung oder Beziehungserfahrungen bestimmt. Das ergab eine Studie von Varun Warrier von der University of Cambridge, der zusammen mit seinem Team Gendaten von 46.000 Menschen auswertete. Die Teilnehmer der bis dato größten Studie dieser Art absolvierten einen standardisierten Onlinetest, über den die Forscher den Grad ihrer Empathie ermitteln konnten. Eine Speichelprobe lieferte die DNA der Probanden, die dann analysiert wurde. Die Analysen ergaben bestimmte Genvarianten bei Menschen mit besonders hoher Empathie, andere kamen bei weniger empathischen Teilnehmern vor. Dieselbe Studie bestätigt auch, dass Frauen im Schnitt zwar mitfühlender sind als Männer, dies aber nichts mit einer genetischen Veranlagung zu tun hat, da bei den DNA-Vergleichen keine signifkanten Unterschiede in der Verteilung der Empathie-Genvarianten zwischen Männern und Frauen nachgewiesen werden konnten. Vielmehr spielt die Sozialisation eine vorherrschende Rolle. Noch immer werden Mädchen eher zu Fürsorge und Mitgefühl erzogen, während Jungen stark sein müssen.

> »An individual has a theory of mind if he imputes mental states to himself and others.«
> Premack & Woodruff, 1978

4.2 Theory of Mind

Um herauszufinden, was im anderen vorgeht, bedarf es insbesondere auch der Fähigkeit des Perspektivenwechsels. Indem wir eine Person beobachten und uns mental in sie hineinversetzen, während sie beispielsweise eine schwere Kiste hebt, entschlüsseln wir automatisch die nonverbalen Signale und entwickeln eine Theorie über ihr inneres Erleben. Anhand der Bewegungen der beobachteten Person lassen sich auch Rückschlüsse darauf ziehen, wie schwer die Kiste ist. Mit entsprechendem Krafteinsatz gehen wir anschließend daran, diese selbst anzuheben.

Diese theoretischen Konstrukte werden als »Theory of Mind« (ToM) bezeichnet. Der Begriff wurde ursprünglich von Premack und Woodruff im Rahmen der Primatenforschung geprägt und später von Wimmer und Perner in die Psychologie übertragen. Die Theory of Mind stellt einen wesentlichen Bestandteil der kognitiven Empathie dar. Ohne diese »Software« wäre es gar nicht erst möglich, Wünsche, Überzeugungen, Absichten, Motive und auch Emotionen wahrzunehmen. Sie ergibt sich aus dem Zusammenspiel verschiedener kognitiver Fähigkeiten: dem Gedächtnis, der Aufmerksamkeit, der Sprache, der Gesichts- und Blickerkennung sowie der Fähigkeit, Kausalzusammenhänge zu begreifen. Bereits im frühen Kindesalter gibt es Anzeichen der ToM, wie eine Reihe von wissenschaftlichen Experimenten zeigt.

Anders als bei den Spiegelneuronen, die sich auch bei Tieren nachweisen lassen, handelt es sich bei der Theory of Mind um eine spezifisch menschliche Eigenschaft. Sie entwickelt sich in der frühesten Kindheit und wird in drei Phasen eingeteilt.

1. Die erste Phase beginnt mit dem ersten Lebensjahr und ist dadurch gekennzeichnet, dass Säuglinge bereits dem Blick ihrer Eltern folgen. Mit zunehmendem Alter verbessern sich ihre interaktiven Fähigkeiten, sodass sie schließlich dazu in der Lage sind, zwischen sich selbst, einer Bezugsperson und einem Gegenstand oder Fremden zu unterscheiden und geteilte Aufmerksamkeit herzustellen.

2. Mit etwa anderthalb Jahren beginnen die Kinder mit Rollenspielen, was darauf hindeutet, dass sie allmählich den Unterschied zwischen wirklich und unwirklich begreifen. In dieser Phase können eigene Emotionen und Wünsche von denen anderer Personen unterschieden werden. Darauf aufbauend verstehen die Kinder zunehmend besser, dass menschliches Verhalten von Bedürfnissen und Zielen geleitet wird. Sie erkennen sich im Spiegel und lernen, Empathie für ihre Mitmenschen aufzubringen.

3. In der dritten Entwicklungsphase zeigen Kinder ein Verständnis dafür, dass jeder Mensch die Welt mit seinen eigenen Augen betrachtet. So begreifen sie, dass die eigene Wahrnehmung sich von der anderer unterscheiden kann. Damit sind Kinder ab etwa vier Jahren nicht nur in der Lage, falsche Überzeugungen zu erkennen, sondern auch Schein und Sein auseinanderzuhalten, also wenn beispielsweise etwas aussieht wie ein Baum, in Wahrheit aber eine Blume ist. Zudem begreift ein Vierjähriger, dass sich Realitäten auch ändern können.

Als Nachweis hat das Psychologengespann Wimmer und Perner 1983 den sogenannten *False-Belief-Test* entwickelt. Dabei wird eine kleine Geschichte mit Spielfiguren aufgeführt. Die Figur legt einen Gegenstand an einen bestimmten Platz und verlässt dann den Ort des Geschehens. Während ihrer Abwesenheit wird der Gegenstand woanders hingelegt. Das Puppenspiel endet, sobald die Figur wiederauftaucht und nach dem Gegenstand sucht.

Wenn Sie wissen möchten, ob Sie über die Grundvoraussetzung für das Erlernen von kognitiver Empathie verfügen, so lade ich Sie an dieser Stelle zu einem kleinen Test ein. Lesen Sie sich die Geschichte durch und beantworten Sie die Frage: Wo wird der Junge voraussichtlich nach der Schokolade suchen?

Peter wartet zu Hause auf seine Mutter. Als diese schließlich vom Einkaufen zurückkehrt, hilft Peter ihr beim Einräumen der Lebensmittel. Bevor er zum Spielen hinausgeht, legt er eine Tafel Schokolade in die blaue Küchenschublade. Seine Mutter backt einen Kuchen, wozu sie einen Teil der Schokolade verwendet. Den Rest der Tafel legt sie in die grüne Schublade. Danach fällt der Mutter auf, dass sie die zum Backen benötigten Eier beim Einkauf vergessen hat. Sie verlässt daher die Wohnung, um sich beim Nachbarn Eier zu borgen. Derweil kehrt Peter zurück und geht mit dem Ziel in die Küche, ein Stück der leckeren Schokolade zu naschen.

Sollten Sie trotz Ihres Wissens darüber, dass die Schokolade sich in der grünen Küchenschublade befindet, die richtige Antwort »In der blauen Schublade« geben, sage ich: Herzlichen Glückwunsch! Ihnen ist der Perspektivenwechsel mühelos gelungen. Sie verstehen, dass Handlungsentscheidungen von Wünschen und Absichten der handelnden Person abhängen, und können auf der Basis dieser Informationen auch Vorhersagen zu künftigen Handlungen treffen. Mit Ihrer »neuronalen Software« scheint somit alles in Ordnung zu sein und Sie können sich nun voll und ganz Ihrem Trainingsprogramm widmen.

5. Empathie lernen mit Köpfchen

Empathie macht sicherlich einen großen Teil von Menschlichkeit in der Führung aus. Andererseits werden Führungskräfte nicht unbedingt dafür bezahlt, nett zu sein. Man erwartet von ihnen, dass sie zusammen mit ihrem Team vor allem Leistung erzielen – auch oder gerade in schwierigen Zeiten oder wenn sich vereinzelte Teammitglieder als schwierig erweisen. Schwierige Mitarbeiter sind für jeden Vorgesetzten eine Herausforderung. Denn sie schöpfen Potenziale nicht aus und binden zudem Ressourcen und Kapazitäten. Um sie für eine erfolgreiche Zusammenarbeit zu gewinnen, ist psychologisches und kommunikatives Geschick gefragt. Da kommt man mit autoritärem Auftreten nicht weit. Im Gegenteil, überzogene Strenge kann sogar zum Leistungsabfall führen. Von daher ist es durchaus angebracht, sich zumindest in bestimmten Situationen mit der Sichtweise und den Emotionen der Mitarbeiter zu befassen und darauf einzugehen. Denn ohne die Fähigkeit, Mitarbeiter zu motivieren und emotional mitzunehmen, kommt man heutzutage nicht weit. Der empathische Führungsstil erobert sogar Geschäftsbereiche, die sich bisher durch nüchterne Sachlichkeit hervortaten. Auch wenn es manchmal den Anschein hat, als gäbe es komplett »empathiebefreite« Chefs, liegt bei ihnen in Wirklichkeit eine determinierte, das heißt begrenzte Empathiefähigkeit vor, die sich mit wenig Aufwand steigern lässt. Dabei werden Sie auf Ihre Stärken zurückgreifen können. Denn wie Sie längst wissen, ist beim Lernen von Empathie »Köpfchen« gefragt.

Falls Sie aber der Meinung sind, allein das Lesen mache empathischer, muss ich Sie enttäuschen. Die Bewusstmachung ist ein erster wichtiger Schritt zur Veränderung, reicht aber bei Weitem nicht aus, um Verhaltensprogramme, die sich jahrzehntelang in die Nervenbahnen eingeschliffen haben, zu überschreiben. Automatismen sind zäh und lassen sich nur durch regelmäßiges Üben durchbrechen. Dazu ein kleiner Exkurs in die »Arbeitswelt« unseres Gehirns: Angewohnheiten werden in neuronalen Netzwerken gespeichert, sodass sie möglichst schnell wieder abgerufen werden können. Dabei bilden die Nervenbahnen, die sich früh entwickelt haben, besonders dicke Stränge. Auf diese »Datenautobahnen« greift das Gehirn aus Effizienzgründen automatisch zurück, wenn es nicht bewusst gestoppt wird. Deshalb treten die ungeliebten Muster vor allem dann auf, wenn man unter Stress steht. Sollten Sie sich in Alltagssituationen beispielsweise dabei ertappen, wie der Impuls kommt, schneller zu reden als zu denken, dann können Sie ihn womöglich noch kontrollieren. Geraten Sie unter Druck, weil ein Termin mit einem wichtigen Kunden zu platzen droht, reagieren Sie reflexartig. Und das heißt: unreflektiert und unverhältnismäßig. Möglicherweise lassen Sie dann den Frust über den Stau im Straßenverkehr an anderen Autofahrern aus, die scheinbar vor Ihnen her kriechen. Oder Sie führen unnütze Diskussionen mit der Assistentin, die den Termin eingestellt und die Fahrzeit zu knapp berechnet hat. Um Rückfälle in alte Muster auf ein Minimum zu reduzieren, muss das neue Verhalten so oft wie möglich trainiert werden, bis es selbst zum Automatismus wird.

Natürlich müssen dafür nicht bewährte Erfolgsstrategien über Bord geworfen werden, nur weil sie sich an einigen Stellen als unzulänglich erweisen. Sie sollen doch nur Ihr Verhaltensrepertoire erweitern – und dies möglichst auf kluge, sprich effiziente Art und Weise. Als Coach und Entwicklerin der To-Win-On-Strength-Methode verfolge ich den stärkenorientierten Ansatz. Stärkenorientierung bedeutet für mich: Erstens die eigenen Stärken zu kennen und gezielt einzusetzen. Zweitens die verborgenen Talente zu entdecken und weiterzuentwickeln. Und drittens starke Anteile aus vorhandenen Schwächen herauszufiltern, um diese für Lernfelder gewinnbringend zu nutzen.

Ihr Lernfeld ist die Empathie. Zu Ihren Stärken gehört die Kognition. Damit bringen Sie für Ihr Vorhaben ausreichend Startkapital mit, denn Sie können vermutlich Signale aus der Umwelt wahrnehmen, auf spezielle Geschehen und Objekte Ihres Interesses fokussieren, Informationen im Gehirn verarbeiten und diese für die spätere Erinnerung speichern.

5.1 Die 3-Satz-Formel

Was Ihnen jetzt nur noch fehlt, sind ein konkretes Ziel und eine Wegbeschreibung. Das Ziel bestimmen Sie – den Weg dorthin zeige ich Ihnen. Dem Kernklientel angepasst bedienen wir uns dazu der mathematischen Dreisatzformel. Beim sogenannten »proportionalen Dreisatz« wachsen die Werte im gleichen Verhältnis. Wenn A wächst, wächst auch B. Die Formel lautet demnach: **Wahrnehmen + Verstehen + Handeln = erhöhte Empathie.**
Je mehr ich wahrnehme, desto mehr verstehe ich. Setze ich meine Beobachtungen und Erkenntnisse noch in aktive Handlungen um, komme ich zum gewünschten Ergebnis. Im Tennis nennt man das: **Sieg in drei Sätzen.** Jeder »Satz« stellt einen Trainingsabschnitt (Modul) dar, wobei die einzelnen Module nicht streng voneinander getrennt sind, sondern fließend übergehen und in wechselseitiger Beziehung zueinanderstehen.

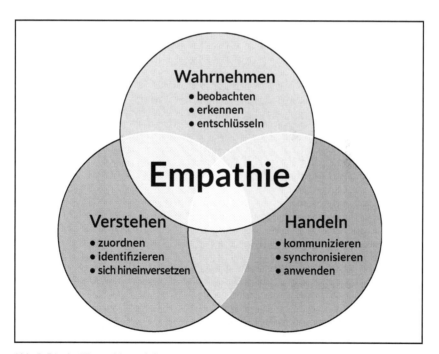

Abb. 3: Die drei Empathiemodule

In Modul 1 (*Wahrnehmen*) lernen Sie u.a., auf die Körpersignale und mimischen Ausdrucksformen Ihrer Mitmenschen zu achten und sie zu entschlüsseln. Im zweiten Modul (*Verstehen*) nehmen wir uns die typischen Eigenschaften verschiedener Charaktere vor, aus denen sich Rückschlüsse auf menschliche Bedürfnisse und Motive ableiten lassen. Zusammen mit dem Perspektivenwechsel sorgt dies für ein besseres Verständnis fremder Verhaltensweisen. Im Modul *Handeln* geht es schließlich in die Performance, das heißt, Sie setzen um, was Sie beobachtet, ausgewertet und kognitiv verarbeitet haben. Dabei verlangt niemand, dass Sie gleich in die Profiliga einsteigen und auf feinste Signale Ihrer Mitarbeiter hochsensibel reagieren. Legen Sie einfach los und arbeiten Sie sich Schritt für Schritt voran. Am Ende wird es Ihnen garantiert besser gelingen, sich treffsicher in die Gedanken- und Gefühlswelt Ihrer Mitarbeiter hineinzuversetzen und gezielt darauf einzuwirken. An dieser Stelle wird die alte Frage nach Talent oder Fleiß erneut aufgeworfen: Können manche Menschen Ziele ganz ohne Anstrengung erreichen? Und können weniger Talentierte mit viel Training zu denselben guten Ergebnissen kommen? Diese Frage habe ich bereits in meinem Buch *Coaching für Kopfmenschen* hinreichend beantwortet, deshalb hier nur die Quintessenz: Während sich sowohl Wissen als auch Können durch Training steigern lassen, ist an der Talent-Schraube absolut nichts zu drehen. Talent stellt eine feste Größe dar. So wird aus einem Bewegungslegastheniker kein begnadeter Tänzer. Er kann sich aber durchaus ein paar coole Moves aneignen, mit denen er bei den Damen Eindruck schindet. Umgekehrt nützt Talent überhaupt nichts ohne Training. Erst damit verfestigt sich das Können oder optimiert sich sogar.

Wie weit Sie in Sachen Empathie kommen und wie leicht oder schwer Sie sich mit den einzelnen Übungen tun, kommt darauf an, was an Startkapital vorhanden ist bzw. wie trainiert Sie sind. Wenn Führungskräfte ins Coaching kommen, geht es in der Regel um Feinkorrekturen und nicht um Sanierungsfälle. Die wirklich »harten Nüsse« müssen eben etwas mehr für ihre persönliche Entwicklung tun. Betätigungsfelder gibt es glücklicherweise reichlich.

Dazu eignen sich monatliche Befindlichkeits-Checks in den Team-besprechungen ebenso wie die Mitarbeiter-Jahresgespräche. Durch die einfache Frage »Wie erleben Sie derzeit die Arbeitssituation?« erhalten Sie wichtige Informationen über die aktuelle Stimmung im Team.

Mit den vorgestellten Techniken schaffen Sie es garantiert auf einen Empathiestand, der den meisten beruflichen Anforderungen gerecht wird. Sie erhalten zur Anwendung jedes Tools oder Modells eine konkrete Anleitung, mit der sich schnell erste Ergebnisse einstellen. Je nach Bedarf können Sie entweder chronologisch vorgehen oder in den einzelnen Kapiteln springen. Möglicherweise mögen Sie auch nur gezielte Lernfelder bearbeiten. In jedem Fall empfehle ich einen Trainingsplan. Ein Trainingsplan wird Sie bei der Planung, Durchführung und Kontrolle aller Schritte unterstützen. Außerdem erfüllt er weitere wichtige Funktionen wie zum Beispiel:

Steuerung

Trainingspläne liefern einen methodischen Aufbau der Übungen für das Erreichen eines Ziels. Sie beginnen mit dem Istzustand und bringen sich Schritt für Schritt in Form. Ausgewählte Übungen dienen der Vertiefung und Verfestigung einzelner Fertigkeiten.

Motivation

Es ist erwiesen, dass Listen und Pläne allein schon motivierende Wirkung haben, da sich die Trainingsfortschritte verfolgen lassen. Gleichzeitig sind sie der sanfte Druck, den es manchmal braucht, um durchzuhalten. Da es mit einer einmaligen Aktion meist nicht getan ist, sondern Veränderung immer wiederkehrender Impulse bedarf, können Sie sich unter https://elke-antwerpen.de/downloads/gratis-vorlagen/ zusätzlich Strategien und Techniken der Selbstmotivation herunterladen.

Verarbeitung

Etwas Neues zu erfahren bedeutet nicht zwangsläufig, auch alles verstanden zu haben. Somit bietet Ihnen der Trainingsplan die Gelegenheit, Ihr Verständnis fortlaufend zu überprüfen. Durch die Übungen werden Sie schnell erkennen, ob das Bekannte mit dem Neuen richtig verknüpft und die übergeordneten Zusammenhänge klar geworden sind.

Speicherung und Abruf

Trainingspläne sind ein wertvolles Archiv für eine Analyse der zurückgelegten Wegstrecke. Intensive Wiederholungen und Vertiefungen bis hin zur Automatisierung des Gelernten sowie die Kontrolle des eigenen Könnens gewährleisten die Einprägung ins Gedächtnis. Dann kann Gelerntes später abgerufen werden.

Am besten suchen Sie sich einen Sparringspartner. Ein Vorbild, dem Sie nacheifern können, tut es aber notfalls auch. Orientieren Sie sich an Menschen, die bereits dort sind, wo Sie gerne hin möchten. Je mehr wir uns mit einer Person identifizieren, desto eher trauen wir uns zu, dasselbe zu erreichen. Nehmen Sie sich ein Beispiel an Ihrem Chef, der sein Team gut zu motivieren versteht. Oder schauen Sie sich etwas von Ihrem Kollegen ab, der ein besonders gutes Verhältnis zu seinen Mitarbeitern pflegt. Es kann aber auch jemand sein, der selbst den Lernweg erfolgreich beschritten hat. Wenn wir sehen, dass andere dies schon geschafft haben, dann wissen wir: Es ist möglich. Und wenn es möglich ist, dann können auch wir es schaffen. Vorbilder sind demnach nicht nur gute Vor-, sondern insbesondere auch echte Mutmacher. Investieren Sie etwas Zeit und Geduld und Sie werden diese Herausforderung mit Bravour meistern.

5.2 Warm-up

Um eine gute Balance zwischen unternehmerischen Interessen und denen der Angestellten zu erreichen, müssen Vorgesetzte mitbekommen, dass etwas im Team vor sich geht, und herausbekommen, was es ist, und vor allem wissen, wie sie zielführend darauf reagieren sollen. Sie müssen auch wissen, wie der einzelne Mitarbeiter »gestrickt« ist, damit sie ihn entsprechend motivieren, fördern und fordern können. Obwohl wir alle mit den Basics ausgestattet sind und damit die Grundvoraussetzungen mitbringen, zeigen sich bei vielen Managern gewisse »Trainingsrückstände«. Wie beim Sport braucht es auch beim Empathietraining ein Warm-up: Es beginnt mit der Spielanalyse (sich selbst reflektieren), geht über Lockerungsübungen, um die geistige Beweglichkeit zu mobilisieren (sich öffnen), bis hin zu Abbau von Stressoren oder Ballast (Vorurteile und Ablenkungen beseitigen).

5.2.1 Sich selbst reflektieren

Bevor sich jemand auf den Weg macht, die innere Landkarte von Mitarbeitern zu erkunden, ist es ratsam, zunächst in sich hineinzuhorchen und sein eigenes Verhalten zu analysieren. Nur wer sich selbst gut führt, kann auch andere führen. Dazu gehört auch, sich ein paar Gedanken zur eigenen Verantwortlichkeit zu machen. Womöglich sehen Sie die »Schuld« dafür, sich mit dem leidigen Thema Empathie befassen zu müssen, in der Fehleinschätzung Ihres Vorgesetzten über Ihre Führungsqualitäten oder bei den verweichlichten Mitarbeitern. In diesem Fall werden Sie sich nur widerstrebend ans Training begeben. Sie könnten aber auch in Anbetracht der Tatsache, dass Ihnen das Thema immer wieder auf die Füße fällt, Vorfreude und Dankbarkeit verspüren. Schließlich dürfen Sie Ihr persönliches Lernfeld endlich angehen – vermutlich sogar auf Kosten des Arbeitgebers. Es liegt einfach nur an der Sichtweise, ob und mit welchem Gefühl man etwas angeht. Letztendlich ist es die innere Haltung, die über Erfolg und Misserfolg bestimmt.

Niemand außer wir selbst entscheiden, welche Haltung wir einnehmen. Oft bemerken wir gar nicht, wie wir unsere Verantwortung regelrecht delegieren. So kommen manche meiner Klienten mit der Erwartung ins Coaching, ich könne ihre Probleme lösen. Sie hoffen, dass ich irgendetwas mit ihnen »veranstalte«, was sie von ihren Problemen befreit. Aber so funktioniert das nicht! Weder im Coaching noch in einer Psychotherapie lassen sich Menschen »behandeln« wie in der Medizin. Wenn jemand erwartet, er könnte ein Coaching passiv beanspruchen, in dem Sinne, dass der Coach die Arbeit leistet, während er diese als eine Art Dienstleistung entgegennimmt, dann wird er kaum Fortschritte machen. Möglicherweise wird er ein paar gute Einsichten haben, weil er diese aber nicht umsetzt, auf der Stelle treten. Die Verantwortung für die persönliche Entwicklung lässt sich nun einmal nicht delegieren. Andere Menschen hingegen arbeiten ganz aktiv an ihren Problemen, indem sie sich beobachten, selbst reflektieren und neues Verhalten trainieren. Diese machen zügig Fortschritte. Zu welcher Gruppe möchten Sie gehören?

5.2.2 Wie empathisch sind Sie?

Kommen wir zu einer anderen spannenden Frage: Für wie empathisch halten Sie sich eigentlich? Sicherlich haben Sie sich in einem der Vorgesetztentypen wiedererkannt. Vielleicht auch in jedem ein bisschen. Keine Sorge – neben dieser Typenbeschreibung, die ohnehin nur zur groben Orientierung dient, können Sie nun testen, wie empathisch Sie tatsächlich sind. Da Empathie nur bedingt messbar ist, handelt es sich bei diesem Selbsttest um keinen Nachweis im wissenschaftlichen Sinne. Er soll Sie lediglich dabei unterstützen, Ihr Selbstbild zu hinterfragen. Lesen Sie folgende Aussagen aufmerksam durch, und kreuzen Sie die Punkte an, die auf Sie zutreffen. Denken Sie daran: Es geht nicht darum, möglichst viele Punkte zu erzielen, sondern eine ehrliche Einschätzung zu erhalten.

- Ich kann die Probleme meiner Mitarbeiter gut nachvollziehen.

- Wenn es jemanden schlecht geht, nimmt mich das emotional mit.

- Andere sagen über mich, ich könne gut zuhören.

- Auch ohne Worte verstehe ich, was der andere mir sagen will.

- Ich versuche stets zu helfen, wo ich kann.

- Ich lasse mich gern von der Freude anderer Menschen anstecken.

- Im Konflikt strebe ich einen Kompromiss an.

- Ich bin verschwiegen und diskret.

- Ich merke, ob jemand es ehrlich meint oder wenn er mir etwas verschweigen will.

- Es fällt mir leicht, mich in andere hineinzuversetzen.

- Ich habe stets ein offenes Ohr für die Sorgen und Nöte meiner Mitarbeiter.

- Betrete ich einen Raum, in dem sich mehrere Personen befinden, spüre ich sofort die Schwingungen.

- Ich erkenne die Bedürfnisse und Erwartungen meines Teams und versuche diesen gerecht zu werden.

- Wenn beim Gesprächspartner die Gefühle mit dem Gesagten nicht übereinstimmen, merke ich das.

- Mir kann so schnell niemand etwas vormachen.

- Schwache Menschen lösen bei mir den Beschützerinstinkt aus.

0 bis 6 Mal zugestimmt: Die Sorgen Ihrer Mitarbeiter gehen Ihnen wahrscheinlich nicht so nahe. Vielleicht haben Sie sich einen dicken Schutzpanzer zugelegt, der es verhindert, dass Signale von außen zu Ihnen durchdringen, wie es Ihnen insgesamt schwer fällt, sich in andere hineinzuversetzen. Manche Dinge werden auch gar nicht erst an Sie herangetragen. Der Vorteil ist, dass Sie auf diese Weise emotional weniger belastet sind. Der Nachteil wird sein, dass Ihnen die Reaktionen anderer oft unverständlich erscheinen und Beziehungen eher an der Oberfläche bleiben. In dem Fall kommt für Sie der Empathiekurs gerade recht. In diesem Buch erfahren Sie, wie man den Karrierekiller Nummer eins in den Griff bekommt.

7 bis 11 Mal zugestimmt: Sie sind durchaus empathisch, können die Gefühle anderer in Ihrem Umfeld einschätzen und verstehen. Allerdings ist noch Luft nach oben. Mit diesem Trainingsprogramm haben Sie alles, was Sie benötigen, um Ihre People-Skills zu steigern und als erfolgreiche Führungskraft durchzustarten.

12 bis 15 Mal zugestimmt: Sie gehören zu den wirklich empathischen Chefs. Sie merken nicht nur, sondern spüren auch, wie es Ihrem Mitarbeiterr geht, selbst wenn er Ihnen etwas anderes vormachen möchte. Als hilfsbereiter Mensch sind Sie gerade in schwierigen Lebensphasen als Gesprächspartner gefragt.
Obwohl es sicherlich wichtigere Entwicklungsfelder für Sie gibt, liegt der Wert dieses Buchs für Sie darin, zu lernen, mit den negativen Folgen von zu viel Empathie umzugehen oder diese zu vermeiden. Alternativ können Sie diesen nützlichen Ratgeber jemanden schenken, der ihn Ihrer Meinung nach dringender benötigt.

5.2.3 Sich Mensch und Thema öffnen

Offenheit und ein grundsätzliches Interesse an Menschen sollte man eigentlich bei allen voraussetzen, die führen möchten. Leider sieht die Realität oft anders auf. Den einen fehlt die Bereitschaft, sich Mensch und Thema zu öffnen, um neue Erfahrungen zu machen, den anderen schlichtweg die Zeit. Führungskräfte sind mit der Vielzahl an Aufgaben und Anforderungen meist völlig überlastet, was zur Folge hat, dass die persönliche Entwicklung hintansteht. Diese (unbewusste) Entscheidung erweist sich als Bumerang. Wenn der Status quo nicht mehr ausreicht und man in seiner sogenannten »Komfortzone« verharrt, landet man schnell auf die Seite der Verlierer.

Zu den äußeren Belastungsfaktoren kommt noch selbst produzierter Stress, der verhindert, dass wir uns den wichtigen Dingen des Lebens widmen oder Menschen zuwenden. So steht unser Kopf niemals still. Wir denken unaufhörlich. Pro Tag sind es etwa 60.000 Gedanken – das entspricht der Anzahl an Wörtern eines durchschnittlichen Romans. Nicht alle Geschichten, die wir uns selbst erzählen, sind dabei wahr. Und es gibt Themen, die immer wieder auftauchen. Durch die ständige Wiederholung werden sie verstärkt. Aus dem kleinen neuronalen Trampelpfad wird ein richtiger Weg, der sich mit jedem Mal weiter festigt. Das ist kein Problem, wenn die Geschichte uns voranbringt. Aber was, wenn sie eher belastend wirkt? Kluge Menschen hinterfragen deshalb ihre Gedanken, die schnell zu Glaubenssätzen und damit zu unterbewussten Lebensregeln werden. Sie entstehen aus der Verarbeitung und Bewertung früherer Erlebnisse. Oder sie werden von anderen Menschen übernommen. In jedem Fall bestimmen sie unser alltägliches Verhalten. Dabei gibt es verschiedene Kategorien:

- Es gibt Glaubenssätze in Bezug auf Ursachen, bei denen man Gründe konstruiert, wodurch etwas verursacht wird.

- Es gibt Glaubenssätze in Bezug auf die Bedeutung. Hier reden wir uns gerne ein, dass es einen Zusammenhang zwischen einem Ereignis und der damit verbundenen Wirkung geben muss. Das, was gerade geschieht, muss doch etwas zu bedeuten haben.

- Glaubenssätze in Bezug auf die eigene Identität führen zu der Frage nach den persönlichen Stärken und Möglichkeiten sowie Grenzen und Einschränkungen.

Stellen Sie sich vor, jemand will Abteilungsleiter werden. Er hat Jahre darauf hingearbeitet und steht nun vor dem entscheidenden Gespräch. Doch während er sich auf den Weg begibt, kommen ihm Zweifel: Habe ich mich genügend vorbereitet? Werde ich dem Druck standhalten? Bin ich überhaupt geeignet? Plötzlich erinnert er sich an seine letzte Prüfung, bei der er mit Pauken und Trompeten durchgefallen ist. Er schraubt sich gedanklich in eine Negativspirale, sodass er am Ende kurz davorsteht, seine Bewerbung einfach zurückzuziehen.

Überprüfen Sie, was Sie an hinderlichen Überzeugungen haben und ob Ihre Vorstellungen faktisch wahr sind. Ihre wichtigste Frage sollte lauten: Was wäre, wenn die Geschichte in meinem Kopf nicht stimmt? Was wäre, wenn in Wirklichkeit alles ganz anders ist, als ich es mir vorstelle? Denn destruktive Glaubenssätze haben nicht nur Auswirkungen auf das eigene Wohlbefinden, sondern vor allem auf die Einstellung und das Verhalten gegenüber anderen Menschen. Ist jemand fest davon überzeugt: »Alle Menschen sind böse«, gibt es für diese Person gefühlt nur Feinde. Unsichere Menschen sind ständig besorgt, in eine unterlegene Position zu geraten oder verletzt zu werden. Wer jedoch permanent mit seiner Selbstverteidigung beschäftigt ist, kann nicht gleichzeitig Mittel aufbringen, um empathisch zu sein. Je angespannter und gestresster man sich fühlt, desto schneller ist man geneigt, diese Gefühle auf seine Mitmenschen zu projizieren und hierdurch eine negative Dynamik anzustoßen. Empathie kann nur aufbringen, wer sich auf Augenhöhe fühlt. Das wiederum hängt von der eigenen inneren Haltung ab, zu der sich jemand aktiv entscheiden kann – womit sich der Kreis schließt.

Deshalb: Wenn Sie sich ertappen, dass Sie gerade dabei sind, einen Mitarbeiter negativ zu beurteilen, treten Sie bewusst einen Schritt zurück. Überprüfen Sie, ob womöglich gerade einer Ihrer Glaubenssätze aktiv ist, und versuchen Sie, dieselbe Situation von einem wohlwollenderen Standpunkt aus zu betrachten. Machen Sie sich bewusst, dass Menschen grundsätzlich erst einmal Gutes im Sinn haben und dennoch Fehler begehen. Dabei haben sie die Folgen ihrer eigenen Taten oft nicht im Blick. Schwierige Menschen besitzen auch sehr verletzliche Seiten. Und die ein oder andere Macke hat jeder. Anstatt sich darüber zu ärgern, könnten Sie diese auch einfach als »Special Effects« betrachten und großzügig darüber hinwegsehen. Aggressionen schaden in erster Linie nur einem – Ihnen selbst. Sie ziehen die Stimmung herunter und belasten die zwischenmenschlichen Beziehungen.

5.2.4 Die mentale Festplatte entrümpeln

Nicht nur Glaubenssätze und Vorurteile versperren den Blick für das Wesentliche. Jegliche Form von Ablenkung verhindert, dass wir uns auf die relevanten Dinge konzentrieren. Räumen Sie damit auf! Dann ist es eben ausnahmsweise einmal nicht das Projekt, an dem Sie aktuell arbeiten, oder ein technisches Problem, sondern Ihr Mitarbeiter. Schaffen Sie Platz für neue Informationen, die aus der Beschäftigung mit Ihren Mitmenschen entstehen.

Die mentale Festplatte zu entrümpeln bedeutet ebenso, sich von Überflüssigem zu trennen. An die Stelle unmittelbaren Wahrnehmens rückt heute eine Vielzahl elektronischer Medien, was einerseits zur Überreizung und andererseits zur Vernachlässigung der Sinne führt. Es vergeht kaum eine Minute, in der wir nicht aufs Handy schauen, um Nachrichten abzufragen oder im Internet zu surfen. Zwar nutzen wir dabei Augen und Ohren, nehmen jedoch, während wir in die digitale Welt eintauchen, kaum noch das analoge Geschehen auf. Infolgedessen sind wir wenig offen in Bezug auf das soziale Miteinander. Achten Sie mal darauf, wie viele Menschen in öffentlichen Verkehrsmitteln mit ihrem Smartphone beschäftigt sind, anstatt sich mit dem Sitznachbarn zu unterhalten. Da spielt es auch keine Rolle, ob es sich bei dem Nebenmann um einen Freund oder den Lebenspartner handelt. Machen Sie es bewusst anders und konzentrieren Sie sich auf Ihr Gegenüber. Beziehung lebt durch Aufmerksamkeit.

> *Empathie hilft, die Realität aufmerksamer wahrzunehmen. Umgekehrt hilft eine aufmerksame Wahrnehmung, die Empathie zu schulen.*

6. Wahrnehmen

Psychologen interessieren sich vorwiegend für die Bedingungen und Auswirkungen des äußeren Verhaltens und inneren Erlebens. Sie versuchen, beides zu beschreiben, zu erklären, vorauszusagen und zu beeinflussen. Dabei haben sie sowohl die einzelnen Individuen als auch Gruppen sowie die Art und Weise, wie diese miteinander umgehen, im Blick. Wahrnehmen, Denken und Fühlen sind allerdings so ineinander verwoben, dass in der Praxis die Beobachtungsvorgänge stets auch von Interpretationen durchfärbt werden. Denn Menschen handeln ganzheitlich und vor dem Hintergrund ihrer Erwartungen und eigenen Handlungsschemata. Für unsere Zwecke kann es jedoch nützlich sein, die verwoben ablaufenden Vorgänge analytisch zu trennen: Was genau wurde beobachtet? Wie wird das Beobachtete gedeutet, interpretiert, bewertet? Welche Handlungsnotwendigkeiten ergeben sich daraus? Der Vorteil einer solch analytischen Trennung besteht für Sie darin, sich nicht zu leicht im Stricknetz eigener Interpretationen, Spekulationen und möglicher Selbstbestätigungen zu verfangen. Ein großer Teil unserer Wahrnehmung besteht aus der Konstruktion, die unser Gehirn aus diversen Informationen erstellt. Das schafft zwar Raum für Fehlinterpretationen, ist aber der einzige Weg, zugleich die Fülle der unzähligen Reize pro Tag zu verarbeiten, ohne wahnsinnig zu werden. So sehen wir zuweilen Dinge, die sich bei näherer Betrachtung als unwahr oder zumindest unvollständig erweisen. Ein Beispiel dafür ist die selektive Wahrnehmung. Hierbei handelt es sich um ein psychologisches Phänomen, bei dem nur ein bestimmter Teil der Umwelt aufgenommen und andere Teile ausgeblendet werden.

Im Volksmund spricht man häufig von »selektiver Wahrnehmung«, wenn ein Mensch auf etwas Bestimmtes fixiert ist, gleichwertige

Informationen ausblendet und daraus endgültige Schlüsse zieht. Eine schwangere Frau sieht auf einmal lauter andere Frauen mit Babybäuchen oder Kinderwagen, sodass es ihr vorkommt, als wäre die Geburtenrate sprunghaft angestiegen. Tatsächlich sind aber nicht mehr Kinder geboren worden. Oder es fallen einem bei dem unfähigen Kollegen nur noch negative Eigenschaften auf, was ebenso wenig der Realität entspricht.

Notieren Sie sich deshalb die Fakten. Sammeln Sie alles, was Sie an Details sehen, und fangen Sie erst danach an, Ihre Beobachtungen auszuwerten.

6.1 Mindfulness

Achtsamkeit beginnt genau wie die Veränderung bei uns selbst. Häufig sind wir mit unseren Gedanken woanders, irgendwie abgelenkt. Das erschwert die Konzentration aufs Wesentliche und damit die Beobachtungsgabe. Die setzt voraus, dass wir für eine geraume Zeit unsere Aufmerksamkeit auf diese eine Sache oder Person richten. Das fällt vielen schwer und muss erst wieder geübt werden. Manch einer betrachtet Aufmerksamkeitsübungen allerdings mit einer gewissen Skepsis. Die ist insofern nicht völlig unbegründet, als dass es tatsächlich zahlreiche esoterisch angehauchte Anbieter auf dem Markt gibt. Ich selbst habe jahrelang einen großen Bogen um Meditationen gemacht. Walla-Walla ist so gar nicht meine Welt. Erst als ich einen Vortrag des amerikanischen Universitätsprofessors Jon Kabat-Zinn hörte, schwand mein innerer Widerstand. Mit seiner nichtreligiösen Auslegung verhalf er Ende der 70er-Jahre dem Konzept der *Mindfulness* nicht nur bei mir zum Durchbruch, sondern insgesamt in der Öffentlichkeit. Gleiches erhoffe ich mir für Sie.

Als *Mindfulness* bezeichnet man die zielgerichtete, nicht wertende Aufmerksamkeit für Gedanken, Gefühle, Körper und Umgebung. Der Fokus auf den Moment ist eine bewusste Handlung, wobei

»Bewusstsein« und »Achtsamkeit« nicht dasselbe bedeuten. So kann man sich einer Eigenschaft oder Handlung durchaus bewusst sein, ohne ihr Beachtung zu schenken. Nehmen wir den Akt des Essens: Die Gabel zum Mund führen, das Essen kauen und anschließend hinunterschlucken ist grundsätzlich eine bewusst initiierte Handlung. Achtsame Nahrungsaufnahme aber bedeutet, langsam zu essen, den Geschmack auszukosten und dabei keine Gedanken an andere Dinge zu verschwenden.

Gründe, seine Achtsamkeit zu schulen, gibt es reichlich: Es stärkt die Abwehrkraft unseres Immunsystems, reduziert Stress, verbessert die Gedächtnisleistung etc. Dabei spreche ich nicht von Argumenten, die davon abhängig sind, ob und wie sehr man an etwas glaubt. Ich spreche von wissenschaftlichen Ergebnissen aus zahlreichen Studien zur Wirksamkeit des Achtsamkeitstrainings. Alle aufzuführen würde den Rahmen sprengen, deshalb nenne ich hier stellvertretend nur drei:

- Bill George, Professor für Angewandtes Management an der Harvard Business School, schrieb in seinem Artikel »Mindfulness helps you become a better leader« (2010) über Achtsamkeitsmeditation in der Wirtschaft. Er wies darauf hin, dass achtsame Menschen sich ihrer Präsenz und der Art, wie man andere Menschen beeinflusst, bewusst sind. So könne man gleichzeitig beobachten und an jedem Augenblick teilhaben und die längerfristigen Auswirkungen der eigenen Handlungen erkennen.

- Im Jahr 2012 fanden Forscher der University of California Los Angeles heraus, dass Langzeit-Meditierende durch Verstärkung der Windungen des Kortexes (der Hirnrinde) im Vergleich zu Nichtmeditierenden Informationen schneller verarbeiten können. Die Studie wurde im Onlinejournal *Frontiers in Human Neuroscience* veröffentlicht.

- 2013 untersuchte ein Forscherteam um Barbara Fredrickson die heilende Wirkung von Meditation. Die Studie »How Positive Emotions Build Physical Health« zeigt, dass die Probanden dank der Meditation mehr gute Gefühle wie Freude, Hoffnung, Dankbarkeit und Liebe empfanden. Durch die verbesserte Bindung zu sich selbst wurden auch die Beziehungen zu anderen Menschen positiver und näher erlebt.

Betrachten Sie Ihren Alltag doch mal durch die wissenschaftliche Brille, und nehmen Sie bewusst auf, was sie sehen, hören und fühlen. Unsere Sinne helfen, Eindrücke zu verarbeiten. Sie können mit der morgendlichen Waschroutine beginnen. Wie fühlt es sich an, wenn Sie mit der Bürste über die Kopfhaut streichen? Oder nach was schmeckt die Zahnpaste? Später, auf dem Weg zur Arbeit, können Sie bei heruntergekurbelter Seitenscheibe auf die Umgebungsgeräusche achten. Vielleicht schlägt Ihnen auch der Duft von frisch gebackenem Brot entgegen, wenn Sie an einer Bäckerei vorbeifahren.
Seien Sie wenigstens für diese Momente im Hier und Jetzt. Sollten Ihre Gedanken abschweifen, bringen Sie sie zurück in die Gegenwart.

6.1.1 Beobachtungsgabe – mehr Wille als Gabe

Bestimmt erinnern Sie sich an Sherlock Holmes. Der Meisterdetektiv beeindruckte Generation für Generation mit seiner Fähigkeit, selbst die kompliziertesten Fälle zu lösen. Dazu nutzte er Fakten und Logik. Aber der Schlüssel für seinen Erfolg war Holmes' starke Beobachtungsgabe. Auch wenn in dem Begriff das Wort »Gabe« drinsteckt und wir ihm nur zu gerne eine Genialität unterstellen, handelt es sich generell bei der Beobachtungsgabe weniger um eine Gabe als vielmehr um den Willen, sich für sein Umfeld zu interessieren. Dies wiederum setzt die Bereitschaft voraus, sich selbst ein Stück zurückzunehmen und den anderen in den Fokus zu stellen. Ebenso gehört dazu abzuwarten, wie jemand etwas gemeint haben könnte, und eigene Annahmen erst einmal zu überprüfen. Wer hingegen einfach aufgrund einer einzelnen Äußerung oder des ersten Eindrucks voreilig ein Urteil fällt, läuft Gefahr, seine eigenen Ansichten oder Erfahrungen zu projizieren und Fehlurteile zu fällen. Umgangssprachlich nennt man das: von sich auf andere schließen. Dann schreiben wir anderen Personen Eigenschaften, Schwächen oder Probleme zu, die wir selbst in uns tragen. Wer es zum Beispiel nicht so genau mit der Wahrheit nimmt, der ist schnell dabei, anderen zu unterstellen, sie würden lügen. Und wer in seinen Beziehungen schon mal fremdgegangen ist, sieht hinter jedem Verhalten seines Partners Anzeichen für dessen Untreue.

Schauen Sie lieber genau hin und hören Sie gut zu! Auf diese Weise bekommen Sie automatisch mehr mit. Was sagt jemand? Wie sagt er es? Werden die Aussagen zu einem späteren Zeitpunkt eingelöst? Hier geht es nicht um Kontrolle, sondern um die Schärfung der Wahrnehmung. Werten Sie anschließend Ihre Informationen aus, ohne (moralisch) zu bewerten.

So können Sie Ihre Beobachtungsgabe trainieren:

Studieren Sie Menschen

Setzen Sie sich auf eine Parkbank oder an einen Tisch im Café und studieren Sie Ihre Mitmenschen. Auch wenn das Beobachten an sich noch keine Empathie ist, können Sie allein durch das aufmerksame Erkunden der Körpersprache sehr kompetent darin werden, Menschen zu »lesen«. Nehme Sie sich Zeit dafür. Fragen Sie sich beispielsweise: Welchen Beruf mag diese Person haben? Ist sie beruflich oder privat unterwegs? Was spricht dafür, was dagegen? Sie können auch schon üben, herauszufinden, was für eine Persönlichkeit jemand hat oder in welcher Stimmung er gerade ist.

Achten Sie auf Details

Wenn Sherlock Holmes an einen Tatort kam, bemerkte er Kleinigkeiten, die sonst niemandem auffielen, und hielt seine Beobachtungen in einem Notizbuch fest. Machen Sie es ihm nach: Schreiben Sie auf, an was Sie sich alles erinnern, wenn Sie zum Beispiel aus einem Meeting kommen. Notieren Sie sich aus dem Gedächtnis, was Ihnen an den Teilnehmern und deren Verhalten aufgefallen ist. Wie hoch war der Anteil an Frauen? Welcher Kollege trug zum Anzug auch eine Krawatte? Wer meldete sich zu welchem Thema? Diese Übung sollten Sie aber nur dann durchführen, wenn Sie nicht als Hauptakteur fungieren, sondern passiver Teilnehmer einer Veranstaltung sind.

Bleiben Sie objektiv

Wenn Sie Ihrem Urteil vertrauen wollen, sollten Sie subjektive Bewertungen vermeiden. Unsere Einstellung zu bestimmten Themen hängt mit den Erfahrungen zusammen, die wir gemacht haben. Dazu gehören positive, die uns in bestimmten Bereichen ermutigen und bestärken, sowie negative, die dazu führen können, dass wir uns einige Dinge nicht zutrauen. Tun Sie einfach das, was Ihnen als Kopfmensch sowieso schon liegt: Lassen Sie sich von Fakten leiten! Eigene Vorurteile und Projektionen verzerren das Bild. Ziehen Sie keine voreiligen Schlüsse, sondern hören Sie sich auch die Ansichten anderer an. Jeder sieht die Welt anders, und manchmal muss man seine eigenen Ansichten verändern, um objektiv zu bleiben.

6.2 Körpersprache entschlüsseln

Bevor Menschen sprechen, spricht ihr Körper. Er sendet ständig und unbewusst Signale. Dabei ist die vorgereckte Brust ebenso eine Botschaft wie die Veränderung der Sitzhaltung, die geöffneten Arme, selbst die Farbe der Krawatte oder das dezente Parfüm. Mimik, Gestik, Haltung und Bewegung, Nähe und Distanz und auch der Kleidungsstil sind wichtige Mittel der nonverbalen Kommunikation. Die Einschätzung einer Person geschieht in weniger als einer Sekunde und wird außer von den bereits genannten Merkmalen noch von Sprechgeschwindigkeit, Stimmlage, Betonung und Dialekt bestimmt.

Der amerikanische Psychologe Albert Mehrabian entwickelte im Jahr 1971 die 7-38-55-Formel. Demzufolge macht die Wirkung der Worte nur sieben Prozent aus. Den Rest an Informationen gewinnen wir durch die Art und Weise, wie jemand etwas sagt, wovon 55 Prozent der Körpersprache und 38 Prozent der Tonalität zufallen. Auch wenn sich über diese Formel streiten lässt, steht fest, dass die Körpersprache in der Kommunikation eine wichtige Rolle spielt. Weil sie sich schwerer kontrollieren lässt als verbale Aussagen, gilt sie als wahrer und echter. Gefühle von der Angst über die Freude bis hin zu Unsicherheit und Wut werden gnadenlos offengelegt. Geübten Beobachtern bleiben Diskrepanzen zwischen gesprochenem Wort und dem, was tatsächlich dahintersteckt, nicht verborgen. Zudem ist die Körpersprache die älteste Form der zwischenmenschlichen Verständigung und damit die Basis jeder sozialen Beziehung. Oft entscheiden wir intuitiv, was eine Geste bedeutet. Dabei wird in wenigen Millisekunden das Signal mit einer Aussage oder einem Gefühl verbunden. Zwar gibt es kulturell bedingt einige Unterschiede, aber insbesondere die Basisgefühle werden weltweit verstanden. So gilt beispielsweise das Stirnrunzeln in fast allen Kulturen als Zeichen von Ärger. Das Lächeln wird ebenfalls weltweit als positives Signal und Sympathiezeichen eingesetzt. Es gibt aber auch Körpersignale, die sich kulturell entwickelt haben und so missverständlich sind wie die verschiedenen Wortsprachen. So kann eine für uns Europäer normale Haltung in anderen Kulturkreisen regelrechte Empörung hervorrufen. Dazu müssen Sie sich nur mit einem arabischen Geschäftspartner zum Gespräch treffen und die Beine übereinanderschlagen. Für Araber ist diese bequeme Sitzposition eine Beleidigung, weil die Fußsohle in seiner Kultur als unrein gilt. Prinzipiell gibt es aber ein gemeinsames Verständnis, was die Aufgabe erleichtert.

6.2.1 Das kleine 1 x 1 der Körpersprache

Die Analyse von Micro Expressions, das Facial Action Coding System (FACS), die Mimikresonanz-Profibox – es gibt einige (wissenschaftliche) Methoden, um die Sprache des Körpers zu entschlüsseln. Genauso wie es einige Menschen gibt, die die nonverbale Kommunikation zu ihrem Beruf gemacht haben. Bereits 400 Jahre vor Christi ist die Pantomime in Griechenland nachgewiesen. Bei dieser darstellenden Kunst werden Handlung und Charakter nur durch Mimik, Gestik und Bewegung ausgedrückt. Auch der Clown verzichtet größtenteils auf Worte. Weil er sein Publikum zum Lachen bringen will, setzt er die Körpersprache meist übertrieben ein.

Die meisten »normalen Menschen« schneiden keine Grimassen oder verhalten sich sonst irgendwie auffällig. Dennoch werden Sie keine professionellen Tools benötigen, um die nonverbalen Signale Ihrer Mitarbeiter zu deuten. Mit etwas Übung erkennen Sie auch als Laie, wie jemandem zumute ist. Sie müssen nur auf folgende Hinweise achten:

Mimik und Gestik

Während sich gute Pokerspieler nicht anmerken lassen, wie gut oder schlecht ihre Karten sind, kann man andere lesen wie ein offenes Buch. Das liegt an der jeweiligen Ausdrucksbewegung des Gesichts. Die Gesichtsmuskulatur ermöglicht zum einen physiologische Funktionen wie den Lidschluss, zum anderen ist sie die Grundlage der menschlichen Mimik und damit das wichtigste Instrument der nonverbalen Kommunikation. Sie offenbart uns die seelischen Vorgänge eines Menschen. Dabei spielt die Augenbewegung eine entscheidende Rolle. Der tiefe Blick in die Augen hinterlässt nicht nur beim Flirten einen intensiven Eindruck. Wir fühlen uns generell beachtet, wenn wir angesehen werden. Blickzuwendung bedeutet Aufmerksamkeit, Zuneigung und Freundlichkeit. Ihn zu meiden signalisiert Gleichgültigkeit oder auch Scham. Zu langes Anstarren wird meist als aufdringlich und aggressiv empfunden.

Haltung und Bewegung

Der Volksmund sagt, dass die äußere Haltung eines Menschen etwas über seine innere aussagt. Wer sicher steht, sei bodenständig, und eine gerade Körperhaltung zeige den aufrechten Charakter. Auch wenn diese Theorien wissenschaftlich nicht belegt sind, scheint es einen Zusammenhang zu geben zwischen der seelischen und der körperlichen Haltung eines Menschen. Wenn wir trauern, senken wir den Kopf und lassen die Schultern hängen, sodass wir kraftlos und verschlossen wirken. Eine offene Haltung im Brust- und Halsbereich dagegen signalisiert Selbstbewusstsein. In diesem Moment scheint uns keine Aufgabe zu schwierig oder Situation zu furchteinflößend.

Dasselbe gilt für Bewegungen. Wer sich im Gespräch vorbeugt, signalisiert Aufmerksamkeit. Wer verkrampft an seiner Kleidung herumfummelt und auf der Stuhlkante sitzt, gilt als unsicher. Selbst der Gang eines Menschen spiegelt seine emotionale Befindlichkeit. Versuche haben ergeben, dass wir nicht nur erkennen, ob die Person, die vor uns läuft, männlich oder weiblich ist, sondern auch, ob sie fröhlich oder traurig daherkommt. Da im Gehirn die Zentren für Sprache und Handbewegungen im selben Bereich angesiedelt sind, besteht fast zwangsläufig eine Verbindung von Wort und Hand. So gibt es zwar bewusste Handzeichen wie beispielsweise der nach oben gestreckte Daumen, was allgemein als Zeichen der Zustimmung verstanden wird. Die meisten Gesten sind aber unbewusst und verstärken die verbale Rede. Wir gestikulieren sogar am Telefon, obwohl uns unsere Gesprächspartner nicht sehen können.

Kleidung und Schmuck

Diese Ausdrucksformen folgen wie kein anderes Mittel den kulturellen Gepflogenheiten. Durch das Tragen einer uniformierten Kleidung zeigen Menschen ihre Zugehörigkeit zu einer bestimmten Gruppe, Gesellschaftsschicht oder Kultur. Ebenso kann sie anlassbezogen sein: Bei einem Vorstellungsgespräch tragen wir etwas anderes als auf einer Party. Und wir wissen, wie wir durch Markenklamotten oder ausgefallene Accessoires beeindrucken können. Täglich entscheiden wir bewusst oder unbewusst darüber, wie wir durch unsere äußere Erscheinung wirken wollen. Ob wir uns schminken, einen Rock oder eine Hose tragen, uns für eine bestimmte Anzugfarbe entscheiden oder teuren Schmuck anlegen – jedes Mal geben wir ein Statement über unsere Herkunft und Gesinnung ab. Selbst wer sich den gängigen Kleidernormen entzieht, sendet eine deutliche Botschaft.

Physikalische Nähe und Distanz

Wir fallen jemandem »in den Rücken«, lassen ihn »links liegen« oder brauchen »mehr Abstand«. Manchmal jedoch gehen wir »auf Tuchfühlung« oder »kleben regelrecht aneinander«. Wir achten auf Distanz oder lassen Nähe zu. Doch wen wir weder riechen können noch wollen, der hat in unserem Dunstkreis nichts verloren. Unsere Alltagssprache verrät viel über unser räumliches Verhalten bzw. Nähe- und Distanzbedürfnis. Wie weit sich eine Person nähern darf, wird hauptsächlich von der persönlichen Beziehung zueinander bestimmt. Daher entscheidet der Beziehungsstatus, welcher Abstand angemessen ist: Je sympathischer und vertrauter sich Menschen sind, desto näher stehen sie buchstäblich zusammen. Verletzt jemand den Abstand, reagiert das Gegenüber mit Abwehrgesten. Die Person weicht zurück oder verschränkt die Arme. Auch das Vermeiden von Blickkontakt kann ein Signal dafür sein, dass man jemandem zu nah gekommen ist.

Wenn im Business von Nähe und Distanz die Rede ist, werden diese beiden Begriffe eher metaphorisch verwendet. Dann ist mit »Nähe« meist das Vertrauen gemeint und mit »Distanz« die Selbstverantwortung von Mitarbeitern. Eher selten liest man etwas über die physische Nähe zwischen Chef und Angestellten. Das mag an der notwendigen Entsexualisierung und grundsätzlichen Wahrung von körperlichen Grenzen liegen.

Wenn ein Vorgesetzter seinem Mitarbeiter an der Schulter oder am Unterarm berührt, zum Beispiel mit den Worten »Das sehen Sie doch genauso ...«, kann das auf den Mitarbeiter sehr übergriffig wirken und seine Persönlichkeitssphäre verletzen. Doch wie viel räumliche Distanz muss offiziell eingehalten werden?

Diese Frage ist im Kontext der Empathie es durchaus wert, näher darauf einzugehen. Es gibt Richtwerte, die einen Anhaltspunkt geben, wie weit man sich prinzipiell einem Menschen nähern kann, ohne dass es für ihn unangenehm wird.

Die Idee der persönlichen Distanzzonen geht auf den US-amerikanischen Anthropologen Edward T. Hall (1914–2009) zurück. Für uns Mitteleuropäer sind es insgesamt vier. Aber ausgehend von der Annahme, dass Ihnen Ihre Mitarbeiter nicht völlig fremd sind oder so unangenehm, dass Sie einen »Sicherheitsabstand« wahren müssen, und umgekehrt auch nicht so vertraut, dass Sie sie umarmen, lassen wir sowohl die öffentliche als auch die intime Distanzzone aus. Bleiben zwei übrig:

1. **Soziale Distanz:** Bei formellen Anlässen gilt eine Entfernung von 1,20 bis 3,60 Metern als angemessen. Sie ist typisch für erste Geschäftsgespräche zwischen (noch) fremden Verhandlungspartnern wie zum Beispiel einem Bewerbungsgespräch. Aus dieser Entfernung werden aber auch unpersönliche Absprachen über Termine oder Ähnliches an öffentlichen Schaltern und Empfangstresen geführt. Da offizielle Gespräche meist an einem Tisch oder in einer Sitzgruppe stattfinden, ist der Abstand in der Regel automatisch vorgegeben. Halten Sie deshalb in formalen Situationen einen Abstand von etwa einer Armlänge. Etwas anderes sind Gespräche, die einen persönlichen Charakter haben, wenn beispielsweise ein Mitarbeiter über seine Probleme spricht. Dann können Sie näher rücken, um Verständnis und Zugewandtheit zu signalisieren.

2. **Persönliche Distanz:** Dieser Interaktionsraum ist ausschließlich Personen vorbehalten, die uns vertraut sind. In einem Abstand von 60 bis 150 Zentimetern werden persönliche Themen besprochen mit Menschen, die eine enge Beziehung zu uns haben. Je näher sich zwei Menschen dabei inhaltlich kommen, desto näher rücken sie zusammen. Durch die inhaltliche Übereinstimmung steigt auch der Grad der Sympathie. Jedoch sind die Akteure nicht so sehr miteinander vertraut, dass sie automatisch Körperkontakt zulassen würden. Grenzüberschreitungen erkennt man meistens daran, dass die betroffene Person ihre Muskeln anspannt, während sich ihre Aufmerksamkeit auf einen weit entfernten Punkt richtet, um dieser unangenehmen Situation zu entgehen.

Bei den Angaben handelt es sich um Mittelwerte. Ängstliche, in sich gekehrte Menschen legen meist mehr Wert auf größere Distanz als selbstsichere und extrovertierte. Da das Distanzempfinden auch kulturell geprägt ist, kommt es hin und wieder zu Missverständnissen: Ein Japaner könnte einen Europäer als aufdringlich empfinden, da dieser im Gespräches immer etwas näher kommen möchte, als es dem Japaner lieb ist. Dagegen hält der Europäer den Japaner für distanziert, weil er immer zurückweicht. Hinzu kommen geschlechtsspezifische Unterschiede: Männer sind raumgreifender als Frauen. Sie sitzen breitbeinig und legen die Arme über benachbarte Sitzlehnen. Das liegt an deren Revierverhalten. Frauen tun so etwas nicht und lassen meist ihre »Artgenossinnen« näher an sich heran. Selbst das Alter und die soziale Schicht spielen eine Rolle. Senioren halten mehr Abstand zueinander als junge Menschen. Und je mehr Macht und Reichtum ein Mensch besitzt, desto mehr geht er auf Distanz. Er wird schwerer erreichbar und verschanzt sich hinter Vorzimmern und einem großen Schreibtisch. Das ist auch der Grund dafür, dass die Sitze in der First Class im Flugzeug oder in der Bahn weiter auseinander stehen. Viel Platz bedeutet Luxus und ist damit auch ein Statussymbol.

Fazit: Prinzipiell braucht der Körper keine Worte, um sich aus-zudrücken und Botschaften zu verschicken. Die nonverbale Kommunikation wird zwar unbewusster »ausgesprochen«, ist deshalb aber nicht weniger machtvoll. Genau genommen handelt es sich sogar um die mächtigste Sprache der Welt. Vorgesetzte, die körpersprachliche Signale richtig zu deuten wissen, erhalten wichtige Informationen über die Gefühls- und Gedankenwelt ihrer Mitarbeiter.

6.3 Emotionen erkennen

Wir nähern uns einem Thema, das für Menschen, die sich in der Welt der Gedanken zu Hause fühlen, oft beängstigend wirkt. Emotionen sind für sie ein fremder, bisweilen sogar mystischer Bereich des Lebens. Der einzige Schutz scheint darin zu bestehen, diesen Bereich zu meiden, was sich in mancher Situation als überaus problematisch erweist. Die meisten Menschen können nur auf eine intellektuelle Ebene umschalten, wenn ihre Gefühle vorher klar erfasst und angesprochen wurden.

Stellen Sie sich folgende Szene vor: Zwei Mitarbeiter streiten so heftig miteinander, dass Sie als Führungskraft eingreifen müssen. Doch das anschließende Gespräch, welches eigentlich der Klärung dienen sollte, droht zu eskalieren, weil jeder auf seiner Position beharrt. Am Ende bleibt Ihnen nichts anderes übrig, als ein Machtwort zu sprechen, auch wenn Sie wissen, dass damit die Sache keineswegs aus der Welt geschaffen ist. Das wäre vermutlich zu verhindern gewesen, wenn Sie auf die jeweiligen Gefühle und Bedürfnisse eingegangen wären. Erst durch das (An-)Erkennen von verletzten Gefühlen entsteht überhaupt so etwas wie Kompromissbereitschaft. Dasselbe gilt, wenn Sie unmittelbar am Konflikt beteiligt sind. So oder so kommen Sie nicht umhin, sich mit den Emotionen anderer Menschen auseinanderzusetzen. Aber keine Sorge, das geht auch auf rein kognitive und damit einer Ihren Stärken entsprechenden Art und Weise: analytisch.

Die sogenannte »Emotionserkennung« ist »*der Prozess der Abstraktion und Klassifikation von audio-visuellen Signalen und ihre Entschlüsselung als Zeichen für Emotionen*«. (Wikipedia)
Das heißt nichts anderes, als dass Sie anhand der Körpersprache – insbesondere der Mimik – und dessen, was jemand akustisch von sich gibt, auf seine Gefühle schließen. Dabei verweisen mimische Ausdrucksformen auf bestimmte Grundgefühle (Freude, Wut, Trauer etc.). Um es noch einmal deutlich zu formulieren: Es geht hierbei nicht um die eigene Emotionalität, sondern darum, die Gefühle anderer zu identifizieren. Wenn Sie die aus der spezifischen Beobachtung gewonnenen Erkenntnisse mit Ihrem differenzierten (Führungs-)Wissen kombinieren, lassen sich effektivere Strategien als bisher zur Steuerung und Motivation der Mitarbeiter entwickeln.

Nähern wir uns erst einmal dem Begriffsinhalt: Emotionen sind komplexe, in weiten Teilen genetisch angelegte Reaktionsmuster, die sich im Laufe der Evolution herausgebildet haben und die Gefühle, kognitive Prozesse und Verhaltensweisen umfassen. Sie treten als Antwort auf eine Situation auf, die ein Mensch als persönlich bedeutsam wahrgenommen hat, und ermöglichen ein schnelles und der Situation angemessenes Handeln. Emotionen sind demnach »*ein Ausdruck unserer Gefühle, welcher sich in deutlich sichtbaren (Körpersprache) und weniger deutlichen körperlichen Signalen (Micro Expressions) zeigt sowie in der verbalen Sprache erfolgt*« (Bergner, 2012). Genau genommen sind also Emotion und Gefühl nicht ein und dasselbe. Gefühle sind – neben Körpersprache, Wahrnehmung und Deutung von Objekten, Motivation und anderen physiologischen Komponenten (z.B. die erhöhte Herzfrequenz bei drohender Gefahr) – ein Bestandteil der Emotion. Da im normalen Sprachgebrauch keine Unterschiede gemacht werden und wir dieses ohnehin schon »heikle« Thema nicht verkomplizieren wollen, plädiere ich dafür, beide Begriffe synonym zu verwenden.

6.3.1 Die Grundgefühle und ihre Ausdrucksformen

Die Grundgefühle (auch Primär- oder Basisgefühle genannt) sind ein wesentlicher Bestandteil jeder menschlichen Existenz und geben Aufschluss darüber, was gerade in einem Menschen vor sich geht. Wie viele es sind, ist noch nicht abschließend geklärt. Je nach Denkrichtung sollen es aber zwischen fünf und sieben sein. Dazu gehören Angst (Furcht), Freude (Glück), Wut (Ärger), Traurigkeit, Neugier (Interesse), Überraschung und Ekel. Manche Forscher nehmen noch Schuld und Scham hinzu. Auch Stolz, Verachtung und die Liebe gelten als potenzielle Kandidaten für weitere menschliche Basisgefühle, aus denen sich alle anderen Gefühle zusammensetzen. Sie sind mit einer bestimmten Mimik verknüpft und gehen mit körperlichen Veränderungen einher, die auf der ganzen Welt erkannt werden.

Charles Darwin war einer der ersten Wissenschaftler, die sich mit dem Zusammenhang zwischen Emotionen und dem dazugehörigen Ausdruck mittels Körpersprache auseinandersetzten. Er war der Überzeugung, dass wir eine ganze Palette an Gefühlen in uns tragen, die wir vererbt bekommen. Somit hat jeder Mensch auf der Welt, unabhängig von der Kultur, den Zugriff auf die gleichen Gefühle. Im Fokus seiner Forschungen stand die Frage, ob denn außer den Gefühlen selbst auch die entsprechenden körperlichen Ausdrücke vererbt werden. Letztendlich kam er zu dem Ergebnis, dass die gezeigte Körpersprache immer im Kontext zu betrachten ist. Man benötigt Informationen darüber, vor welchem (kulturellen) Hintergrund jemand zum Beispiel eine bestimmte Geste ausführt, und kann dann erst mit relativer Gewissheit auf das zugrunde liegende Gefühl schließen.

Dem widersprach fast ein Jahrhundert später der amerikanische Psychologe Paul Ekman. Er entdeckte Ende der 1960er-Jahre eine Reihe von Emotionen, bei denen es keines Kontextes bedarf, um sie zu erkennen. Auf der Basis jahrzehntelange Forschungen, unter anderem bei Stämmen in Neuguinea, die damals noch keinen

Kontakt mit anderen Zivilisationen hatten, wies Ekman die aufgezählten sieben Basisgefühle empirisch nach, deren mimischer Ausdruck weitestgehend kulturunabhängig ist.

In meinen Ausführungen beziehe ich mich weitestgehend auf diese Erkenntnisse, werde dabei aber noch zwei für den beruflichen Kontext relevante Emotionen hinzufügen, nämlich Schuld und Scham, während ich Ekel durch Verachtung ersetze. Dabei konzentriere ich mich auf die mimischen Ausdruckformen, auch wenn für die Deutung weitere Faktoren wie Gestik, Körperhaltung und paralinguale Aspekte (Sprachmelodie, Sprechgeschwindigkeit, Dialekt etc.) ebenso von Relevanz sind.

Bevor ich Ihnen die insgesamt neun Grundgefühle vorstelle, lade ich Sie zu einem kleinen Experiment ein: Versuchen Sie mal, auf den unteren Bildern die Gefühle Angst, Freude, Wut, Traurigkeit, Neugier, Überraschung, Verachtung, Schuld und Scham den jeweiligen Gesichtsausdrücken zuzuordnen.

Abb. 4: Gefühlsausdrücke

71

Vielleicht haben Sie nicht erst bei dieser Übung, sondern schon viel früher festgestellt, dass es Ihnen schwerfällt, Emotionen an Gesichtern abzulesen. Vielleicht waren Sie manchmal sogar überrascht darüber, dass sich hinter dem »Gesichtverziehen« eine Emotion verbirgt. So wie Paul, einer meiner Klienten, der mir von einer Situation aus seiner Schulzeit erzählte: Die Lehrerin hatte ihn aus der Klasse herausgeführt und auf dem Flur mit ihm geschimpft, weil er ständig den Unterricht störte. Das kam für ihn relativ unerwartet, weil er bis zu diesem Zeitpunkt dachte, dass sie gut gelaunt wäre. Ihre hochgezogenen Augenbrauen hatte er als Zeichen erhöhter Konzentration gewertet und nicht als Vorbote für das Donnerwetter, das dann auf ihn einprasselte.

Eine andere Klientin hatte erst gar keine Anzeichen wahrgenommen. Obwohl sie über die Kündigung der Kollegin Bescheid wusste und sich denken konnte, dass es ihr nicht gut damit ging, fiel sie aus allen Wolken, als die plötzlich anfing zu weinen. Erst im Nachhinein und im Austausch mit anderen aus dem Team wurde ihr bewusst, dass es durchaus Signale gegeben hatte, die sie mit etwas mehr Aufmerksamkeit hätte wahrnehmen können. Beide Klienten verband, dass sie sich bis zu diesem Zeitpunkt mehr mit den sachlichen Dingen beschäftigt hatten als mit ihren Mitmenschen. Sie mussten erst einmal für körpersprachliche Ausdrucksformen sensibilisiert werden. Diese fehlende »Sensibilität« ist eindeutig zu unterscheiden von selten vorkommenden Wahrnehmungsstörungen wie sie beispielsweise bei Personen auftreten, die am sogenannten Asperger-Syndrom leiden, einer Form des Autismus. Autisten beobachten und analysieren die Gestik und Mimik ihres Gegenübers sehr wohl, können diese aber nicht deuten. Ihnen fehlt die intuitive Fähigkeit, nonverbale Kommunikation richtig zu interpretieren und auch selbst auszusenden. Auch sie müssen die Körpersprache wie eine Fremdsprache erlernen. Die allermeisten Menschen sind aber einfach nur etwas unaufmerksam oder nicht ausreichend trainiert darin, die Emotionen in den Gesichtern ihrer Gesprächspartner abzulesen. Das lässt sich mit ein paar Übungen leicht ändern.

ANGST	
	Auch wenn alle Gefühle gleich bedeutsam sind, so spielt Angst eine besondere Rolle. Kein anderes Gefühl scheint den Menschen so zu steuern wie sie. Der Wunsch, sicher zu sein und zu »überleben«, ist auch für Ihre Mitarbeiter von existenzieller Bedeutung. Die Angst sorgt dafür, dem Versagen und der Kündigung zu entgehen. Niemand will scheitern, weil ansonsten der Ausschluss aus der Gruppe droht. Was heute »nur« den gesellschaftlichen Abstieg nach sich zieht, bedeutete vor Tausenden von Jahren faktisch den Tod. Denn ganz allein waren wir nicht überlebensfähig.
Mimischer Ausdruck:	Falten zeigen sich in der Mitte der Stirn, die Augenbrauen gehen nach oben, die Augen sind weit aufgerissen, die Nase leicht hochgezogen und die Mundwinkel werden auseinandergezogen. Die Lippen sind angespannt oder zurückgezogen.
FREUDE	
	Das grundlegende Muster von Menschen ist: Lust gewinnen durch Freude und Leid vermeiden durch Angst. Deshalb stellt die Freude den Gegenpol zur Angst dar. Die natürliche Freude geht in dem Moment auf und kann sich auf alles richten. Da reicht schon ein Lob oder ein zusätzlicher freier Tag. Ist ein Mitarbeiter nicht in der Lage, sich an den schönen Dingen des Lebens zu erfreuen, liegt das oft an unterdrückten Gefühlen von Ärger oder Traurigkeit. Hier sollten Sie als Vorgesetzter besonders achtsam sein.
Mimischer Ausdruck:	Die Stirn ist entspannt, die Wangen sind angehoben. Die Mundwinkel sind nach hoben gezogen und es bilden sich Lachfältchen neben den Augen. Ein echtes Lachen lässt sich von einem unechten dadurch unterscheiden, dass bei wirklicher Freude die Augen mitlachen.

WUT	
	Die Wut ist ein Ausdruck dessen, was jemand will oder nicht und dient der Wahrung eigener Grenzen. Dadurch, dass Wut gesellschaftlich verachtet und schon früh aberzogen wird, wird sie oft unterdrückt – vor allem in Gegenwart von hierarchisch Höhergestellten. Die Folge ist unter anderem, dass der Betroffene keinen Antrieb mehr findet, sich für die eigenen Werte und Ziele einzusetzen, geschweige denn für die des Unternehmens. Nicht selten zeigen Mitarbeiter subtilere Formen der Aggressionen wie beispielsweise Gereiztheit, oder sie werden krank.
Mimischer Ausdruck:	Die Augenbrauen sind heruntergezogen, vertikale Falten zeigen sich zwischen den Augenbrauen, die Augen sind zusammengekniffen und die Nasenflügel stehen weit auseinander.

TRAURIGKEIT	
	Wenn ein geschätzter Kollege die Firma verlässt oder jemand die ersehnte Beförderung nicht erhält, dann kann das Gefühl der Enttäuschung und Traurigkeit aufkommen. Manche gehen dem Schmerz aus dem Weg, indem sie einen inneren Groll hegen oder wütend werden. Erst wenn der Betroffene wirklich trauert, kann er dieses Ereignis verarbeiten, und es ist wieder Raum für positive Gefühle. Die Traurigkeit ist dafür da, um mit Dingen abzuschließen, die nicht mehr zu ändern sind. Hier sind Feingefühl und Empathie noch mit am meisten gefragt.
Mimischer Ausdruck:	Die Augenbrauen ziehen sich zusammen, die Oberlider und auch die Mundwinkel hängen nach unten, während der Blick leer und ohne Fokus ist.

NEUGIER	
	Neugier ist das als ein Reiz auftretende Verlangen, Neues zu erfahren und Verborgenes kennenzulernen. Ausgerichtet auf immer wechselnde Ereignisse, stellt sie eine erhöhte Bereitschaft dar, sich neuen, ungewohnten und komplexen Situationen und Objekten auszusetzen bzw. diese aktiv aufzusuchen. Ist die Neugier hingegen auf das Interesse an Wissen ausgerichtet, stehen verstandesmäßige Anteile im Vordergrund; dies wird dann als Wissbegierde bezeichnet. In beiden Fällen will der Mitarbeiter mehr Informationen.
Mimischer Ausdruck:	Der Mund ist leicht geöffnet und die Augenbrauen hochgezogen. Es bilden sich Falten auf der Stirn.

ÜBERRASCHUNG	
	Angst und Überraschung haben ein ähnliches Erscheinungsbild. Im emotionalen Zustand der Überraschung kann die Situation noch nicht bewertet werden. Erst nach der Bewertung folgen weitere Emotionen. Handelt es sich um eine positive Überraschung, folgt Freude; ist es eine bedrohliche, folgt Angst. Ihr Mitarbeiter scheint jedenfalls mit einer bestimmten Reaktion, einem Ergebnis oder Ereignis nicht gerechnet zu haben.
Mimischer Ausdruck:	Die Augen sind weit aufgerissen und die Augenbrauen hochgezogen. Außerdem sind die Wangen an beiden Seiten des Gesichts angespannt und der Mund ist geöffnet. Falten legen sich über die gesamte Stirn.

SCHAM	
	Scham ist so ziemlich das genaue Gegenteil von Stolz. Es ist ein Gefühl der Verlegenheit, das im beruflichen Kontext meist auf dem Bewusstsein beruht, den Erwartungen nicht entsprochen zu haben. Schamgefühle entstehen auch aufgrund von Bloßstellungen, wenn beispielsweise ein Mitarbeiter vor versammelter Mannschaft auf seine Unzulänglichkeiten und Fehler hingewiesen oder für sein ungebührliches Verhalten zurechtgewiesen wird. Als Vorgesetzter sollten Sie solche beschämenden Situationen vermeiden.
Mimischer Ausdruck:	Der Blick ist gesenkt, die Augenbrauen gehen leicht nach oben und die Mundwinkel werden auseinandergezogen. Die Lippen sind angespannt oder zurückgezogen.

SCHULD	
	Das Schuldgefühl ist eine negativ wahrgenommene soziale Emotion, welche bewusst oder unbewusst einem Fehlverhalten in Form einer Pflichtverletzung oder schlechten Tat folgt. Mögliche körperliche Reaktionen wie Erröten, Schwitzen oder eine Magenverstimmung sind zwar vergleichbar mit denen der Scham und Angst, aber hier meist schwächer ausgeprägt.
Mimischer Ausdruck:	Gesenkter Blick, geschlossener Mund, Falten zeigen sich in der Mitte der Stirn, die Augenbrauen gehen nach oben.

VERACHTUNG	
	Verachtung ist eine starke Geringschätzung, basierend auf der Überzeugung, dass eine Person, Gruppe oder Organisation des Respekts nicht wert ist. Jemanden zu verachten bedeutet, sich moralisch überlegen zu fühlen. Die (unausgesprochene) Botschaft lautet: »Was willst du mir schon erzählen?!« Eine abgemilderte Form der Verachtung ist die Arroganz. Hier fühlt sich Ihr Mitarbeiter (Ihnen) überlegen.
Mimischer Ausdruck:	Auf einer Seite angehobener oder angespannter Mundwinkel und verengte Augen. Das Kinn ist nach vorne gestreckt und die Nase hebt sich leicht nach oben.

Tabelle 1: Emotionen und ihr mimischer Ausdruck

Es gibt Gefühle, die leichter zu identifizieren sind als andere. So liegt die Erkennungsrate bei der Traurigkeit am höchsten, während sie bei der Angst und Überraschung am niedrigsten ist. Diese beiden Grundemotionen werden sehr oft miteinander verwechselt, da sie eine ähnliche Mimik auslösen. Zudem wird häufig Wut (Ärger) mit Ekel verwechselt, weil beide Gefühle in ähnlichen Situationen auftreten, nämlich dort, wo Hass und Abneigung aufeinandertreffen. Auf alle Fälle müssen Sie bei der Identifizierung der Mimik schnell sein, um sicherzugehen, dass es sich auch um echte Gefühle handelt. Emotionen sind nichts anderes als spontane Reaktionen unseres Organismus. Sie spiegeln genau wider, was ein Mensch gerade erlebt. Deshalb können diese Reaktionen – *auch Micro Expressions genannt* – schnell wechseln und sind weniger als eine Viertelsekunde sichtbar. Kurz darauf werden sie mit einem anderen Gesichtsausdruck maskiert. Das muss nicht immer das Ergebnis vorsätzlicher und bewusster Verheimlichungen sein, sondern kann auch ein Produkt von Verdrängung oder Unterdrückung darstellen. Womit sich die Frage stellt, ob sich Gefühle kontrollieren lassen. Tatsächlich gibt es weltweit keine einzige Studie, die beweist, dass sich die neuronalen emotionalen Programme willentlich unterdrücken lassen.

Darwin hat in einem Selbstversuch sein Gesicht an eine Glasscheibe gepresst, hinter der sich eine giftige Schlange befand. Trotz eiserner Vorsätze und festen Willens war es ihm nicht möglich, diese Stellung zu halten. Obwohl er wusste, dass ihn die Schlange niemals hätte erreichen können, war das Gefühl der Angst stärker und ließ ihn unwillkürlich zurückweichen.

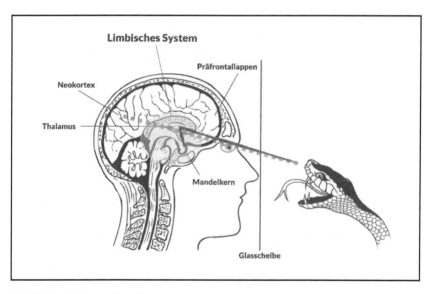

Abb. 5: Das Selbstexperiment

Das zeigt, wie machtlos unser Verstand starken Emotionen gegenübersteht. Automatische Bewertungsmechanismen scannen jenseits der bewussten Wahrnehmung unsere Umgebung nach Ereignissen, die von Bedeutung für das Überleben sein können. Sollte eine Situation oder ein Ereignis eine Gefahr darstellen, so lösen diese Bewertungsmechanismen eine entsprechende Emotion aus, die uns dazu veranlasst, zu reagieren. Jeder Gedanke, jede Handlung und jede Begegnung ist mit Gefühlen assoziiert, die für einen kurzen Moment unkontrollierbare Gefühle bei uns auslösen. Wissenschaftler nennen diesen Zeitraum »Refraktärphase«.

Auch wenn uns im Berufsleben höchstens »falsche Schlangen« begegnen, gibt es durchaus Situationen, die starke Emotionen hervorrufen können. In der unteren Tabelle habe ich zusammengefasst, durch was bei einem Mitarbeiter eines der Grundgefühle ausgelöst werden kann, wie er die Situation empfindet und wahrscheinlich reagiert. Daraus lässt sich meist schon ableiten, was er in diesem Moment braucht bzw. welche Botschaft er an Sie sendet.

Gefühl	Auslöser	Innerer Zustand	Äußere Handlung	Appell
Angst	Bedrohung der körperlichen Unversehrtheit, Selbstachtung oder des Selbstbildes	Besorgnis, Hilflosigkeit, innere Lähmung	Zieht sich zurück oder wehrt Angriff ab, Handlungsblockade	Tu mir nichts! Ich gebe nach! Hilf mir!
Freude	Positives Ereignis, genussvolle Stimulation, Vertrautheit	Wohlbehagen, positive Aufregung, fühlt sich gut und sicher	Übertragung von positiven Gefühlen, Fortführung momentaner Aktivitäten	Teile meine Freude! Lass uns Freunde sein!
Wut, Ärger	Eine als unangenehm empfundene Situation oder Bemerkung, Zielfrustration	Aggression, Enttäuschung, Kränkung, Kontrollverlust	Warnung vor einem möglichen Angriff, impulsive Reaktion, Verlangen nach Genugtuung	Ich warne dich! Hindere mich nicht! Gib mir, was ich will!

Gefühl	Auslöser	Innerer Zustand	Äußere Handlung	Appell
Traurigkeit	Verlust eines wertvollen Objekts, Kränkung, Mangel an Wirksamkeit	Niedergeschla-genheit, Hilflosigkeit, Ohnmacht, Depression	Rückzug, Weinen, Handlungs-unfähigkeit (bei hoher Intensität)	Sei empathisch! Tröste mich!
Interesse, Neugier	Neuartigkeit, Abweichung, Erwartung	Innere Erregung, Anspannung, freudige Erwartung	Signalisiert Aufnahmebe-reitschaft für Informationen	Gib mir mehr Infor-mationen!
Überraschung	Erleben von Unvorherge-sehenem oder Neuartigkeit, Nichtein-haltung von Erwartungen	Verwirrung, Unsicherheit, (bange) Neugier	Bereitet sich auf neue Erfahrungen vor, ist auf der Hut, zeigt unkon-trollierte Reaktionen	Erfülle meine Erwartun-gen! Gib mir mehr Infor-mationen
Scham, Verlegenheit	Wahrnehmung der eigenen Unzuläng-lichkeit in den Augen anderer und das Gefühl, dass die eigene Person Gegen-stand intensiver Begutachtung ist	Tiefe Beklom-menheit, Gesichtsver-lust, Gefühl des Nicht-okay-Seins, Gefühl der Entblößung	Unterwürfig-keit, um sozia-len Ausschluss zu verhindern, Vermeidungs-und Fluchtver-halten, will sich (vor fremden Bli-cken) schützen	Verstoß mich nicht! Wende deinen Blick ab!

Gefühl	Auslöser	Innerer Zustand	Äußere Handlung	Appell
Schuld	Erkenntnis, falsch gehandelt und gegen Regeln oder Verbote verstoßen zu haben	Gewissensbisse mit dem Gefühl, nicht entkommen zu können, der Wunsch, das Geschehene rückgängig machen zu wollen	Selbstvorwürfe, Unterwürfigkeit, Versuch der Wiedergutmachung	Verzeih mir! Lass es mich wiedergutmachen!
Verachtung	Geringschätzung einer bestimmten Person	Überzeugung des Unwertes der betroffenen Person, Gefühl der eigenen Überlegenheit	Abwertung Geringschätzung der anderen Person, Nichtbeachtung Respektlosigkeit	Du bist nichts/ weniger wert!

Tabelle 2: Symptom- und Appellfunktion der Grundgefühle, zum Teil adaptiert aus Magai, McFadden (1995), Barrett (1995) und Wierzbicka (1995, 1999)

Fazit: Gefühle sind ein wichtiger Indikator für die Stimmung eines Menschen und machen seine Aussagen und sein Verhalten verständlicher. Es lohnt sich demnach, genauer hinzuschauen. Starten Sie mit den leichter erkennbaren Emotionen, sodass Sie schnell zu Erfolgserlebnissen kommen. Das Repertoire an Gefühlsausdrücken lässt sich jederzeit erweitern. Kleiner Tipp: Die Interpretation von Gesichtsausdrücken können Sie auch per App auf dem Smartphone trainieren.

7. Verstehen

Während wir bis jetzt in Gesprächen auf die Körpersprache, auf die Stimme, auf die Mimik und ganz besonders auf Veränderungen im Verhalten geachtet und diese vorsichtig interpretiert haben, geht es jetzt darum, das Wahrgenommene zu verstehen.

»Verstehen ist das inhaltliche Begreifen eines Sachverhalts, das nicht nur in der bloßen Kenntnisnahme besteht, sondern auch und vor allem in der intellektuellen Erfassung des Zusammenhangs, in dem der Sachverhalt steht.« (Wikipedia) Mit dem Unterschied, dass es hier nicht um einen Sachverhalt geht, den wir verstehen wollen, sondern um den Menschen samt seinen Verhaltensweisen. Verstehen also mehr im Sinne von Erfassen von Zusammenhängen und Klärung psychischer Hintergründe.

Das setzt voraus, dass wir:

- aufmerksam zuhören,

- Botschaften entschlüsseln,

- Beweggründen erkennen,

- Wesenheiten durchschauen und

- die Perspektive wechseln.

All diese Bemühungen zielen auf eines ab: Verständnis entwickeln. Dazu muss man auch verstehen wollen. Zuhören und Verstehenwollen sind die Grundvoraussetzungen für eine gelungene Kommunikation – und zwar ehrlich gemeintes Verstehenwollen, kein So-tun-als-ob. Was nützen professionelle Kommunikationstools, wenn dahinter keine aufrichtige Absicht steht. Wir sprechen schließlich nicht von funktionaler Empathie zum Zwecke der Manipulation von Menschen, sondern von authentischer Empathie. Nur wenn wir unserem Gegenüber glaubhaft vermitteln können, dass wir an seinem Anliegen interessiert sind und in einer offenen Haltung zuhören, kann eine gute und vertrauensvolle Beziehung entstehen. Wenn wir hingegen vorschnell zu Lösungen übergehen oder unsere eigenen Geschichten, Meinungen und Bewertungen über dem anderen ausschütten, bleibt das Verständnis auf der Strecke – egal, wie gut es gemeint war. Unser Gesprächspartner steckt dann noch in dem Gefühl fest, nicht verstanden worden zu sein, und ist frustriert. Erst wenn er sich gehört und verstanden fühlt, ist der Weg frei für eine Lösungsfindung.

> *»Keiner versteht den anderen ganz, weil keiner beim selben Wort genau dasselbe denkt wie der andere.«*
> Johann Wolfgang von Goethe

7.1 Anatomie einer Nachricht

In der Kommunikation geht es um die gegenseitige Verständigung. Sie ist der erste Schritt in Richtung Verständnis. Verständigung kann aber nur gelingen, wenn beide Gesprächspartner exakt von demselben sprechen. Kaum zu glauben, aber das ist mehr die Ausnahme als die Regel. Viel häufiger passiert es, dass Sender und Empfänger zwar dieselben Worte benutzen, ihnen aber nicht dieselbe Bedeutung geben. Bedeutungen werden in jedem Gehirn auf der Grundlage persönlicher und sozialer Vorerfahrungen erzeugt. Kommunikation ist demnach weniger Austausch von Informationen als vielmehr die wechselseitige Konstruktion von Bedeutungen. Bei einem Satz wie »Bitte geben Sie mir die Berichte der letzten drei Monate!« erscheint die Verständigung noch unproblematisch. Da gibt es relativ wenig Deutungsspielraum. Bei »Ich fühle mich unwohl!« wird es schon schwieriger. Um hier auf einen gemeinsamen Nenner zu kommen, müsste explizit nachgefragt werden, was genau mit »unwohl« gemeint ist.

Im Grunde müsste vor jedem Gespräch mit dem Kommunikationspartner die Bedeutung festgelegt werden. Das wäre aber viel zu aufwendig, vor allem bei Wörtern, die eine Emotion ausdrücken. Jeder Mensch besitzt eine eigene »innere Landkarte«, das heißt seine ganz persönlichen Erfahrungen und Überzeugungen. Hinzu kommt, dass jede Nachricht, die wir senden, ein ganzes Paket mit verschiedenen Botschaften enthält.

Das *Kommunikationsquadrat* von Friedemann Schulz von Thun hilft, den Komplex an unterschiedlichen Informationen zu verstehen. Es ist das bekannteste Modell des Sprachwissenschaftlers und inzwischen auch über die Grenzen Deutschlands hinaus verbreitet. Bekannt geworden ist dieses Modell auch als »Vier-Ohren-Modell« oder »Nachrichtenquadrat«. Dabei verweist Schulz von Thun darauf, dass jede Nachricht sowohl auf vier Ebenen kommuniziert als auch auf vier Ebenen gehört und interpretiert wird. Generell gilt die Sachebene als die unproblematischste, weil Sender und Empfänger die Nachricht in der Regel gleich verstehen. An Daten und Fakten ist nun einmal wenig zu rütteln – anders als bei den übrigen Seiten. Das liegt daran, dass der Empfänger diese erst noch wahrnehmen und interpretieren muss.

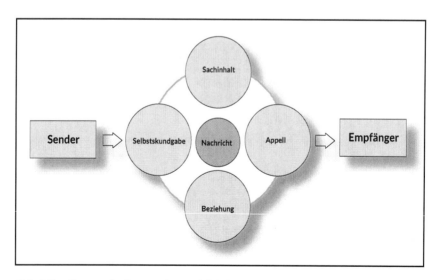

Abb. 6: Das Kommunikationsquadrat nach Friedemann Schulz von Thun

In jedem Gespräch finden sich alle vier Aspekte dieses Modells in unterschiedlicher Stärke wieder. Lassen Sie mich das an einem einfachen Alltagsbeispiel demonstrieren:

Ihr Mitarbeiter (Sender) kommt ins Büro und überreicht Ihnen die fertige Präsentation, die Sie ihm kurz vor dem Wochenende in Auftrag gegeben haben, mit den Worten: »*Da stecken volle zwei Tage Arbeit drin.*« Zunächst einmal erhalten Sie eine **Sachinformation** darüber, worüber Sie Ihr Mitarbeiter benachrichtigen möchte, nämlich dass die Erstellung der Präsentation zwei Tage in Anspruch nahm. Man könnte nun annehmen, dass damit alles Wesentliche gesagt sei, und Sie könnten ihm zustimmen. Damit wäre die Sache erledigt. Vermutlich will er Ihnen aber noch etwas anderes mitteilen. Nichts wird einfach nur so gesagt. Meist haben Aussagen die Funktion, den Empfänger zu etwas zu veranlassen. Der Mitarbeiter wird viel Zeit investiert haben, um die ihm übertragene Aufgabe fristgerecht erledigt zu bekommen. Möglicherweise musste er sogar einen Teil seiner Freizeit dafür opfern. Hinter seiner Aussage könnte sich also der Wunsch **(Appell)** verbergen, künftig keine Aufträge übers Wochenende mehr zu erhalten. Es könnte aber auch der Ausdruck seines Bedürfnisses nach Anerkennung sein. Mit Ihrem Beziehungsohr hören Sie sofort heraus, was Ihr Mitarbeiter von Ihnen denkt **(Beziehungsebene)**: Entweder hält er Sie für einen rücksichtslosen Chef (Du-Botschaft), dem es egal ist, ob seine Mitarbeiter auch übers Wochenende schuften, oder er fühlt sich gebauchpinselt. Denn genauso gut könnte er denken, dass Sie viel von ihm halten, wenn Sie ihm eine so verantwortungsvolle Aufgabe übertragen. Welche der beiden Reaktionen vorliegt, zeigt sich in der gewählten Formulierung, im Tonfall oder in nonverbalen Begleitsignalen. Wenn Sie nun Ihr Selbstkundgabeohr eingeschaltet haben, dann können Sie an der Art und Weise, wie er Ihnen das mitgeteilt hat **(Selbstaussage)**, erkennen, wie ihm dabei zumute ist. Das wiederum ermöglicht Ihnen, empathisch darauf einzugehen.

Für alle vier Botschaften gilt: Sie können entweder impliziert, das heißt versteckt, oder explizit, also offen ausgedrückt sein. Welche Botschaft ankommt, hängt immer davon ab, welches Ohr auf Empfang geschaltet ist. Somit bestimmt der Empfänger den Gesprächsverlauf entscheidend mit. Zu Störungen kommt es, wenn auf eine andere Seite Bezug genommen wird, als der Sender das Gewicht legen wollte. In unserem Beispiel wäre das so, als wenn Sie nur die reine Sachinformation »Da stecken zwei Tage Arbeit drin« aufnehmen und diese mit einem knappen »Stimmt« quittieren würden. Ihr Mitarbeiter stieße mit seiner (indirekten) Bitte, ihn künftig mit solchen Sonderaufträgen zu verschonen oder zumindest seinen Einsatz lobend zu erwähnen, bei Ihnen buchstäblich auf »taube Ohren«. Ohne Ihr Appell- und/oder Selbstoffenbarungsohr würden Sie gar nicht verstehen, was er Ihnen mitteilen möchte. Zu seinem Frust wegen des verdorbenen Wochenendes käme dann noch die Enttäuschung über die ausbleibende Anerkennung, was sich demotivierend auswirken dürfte.

Genauso problematisch kann es sein, wenn jemand aus einer rein sachlichen Information viel mehr raushört, als der Sender mitzuteilen beabsichtigte. Dann gerät schnell mal was in den falschen Hals. Nehmen wir an, Sie stoßen neu zu einem bestehenden Projektteam und machen einen Vorschlag, wie vorgegangen werden könnte. Ein Kollege sagt: »Wir haben das aber immer anders gemacht.«

Die vier Ebenen der Kommunikation	Die Botschaften des Senders (Ihr Kollege)	Die Interpretation des Empfängers (Sie)
Sachinformation	Die Aufgaben wurden bisher anders bewältigt.	Die Aufgaben wurden bisher anders bewältigt.
Selbstkundgabe	Ich bin mir unsicher, ob wir dann ebenso effektiv vorankommen.	Ich zweifle, ob dein Vorschlag gut ist.

Die vier Ebenen der Kommunikation	Die Botschaften des Senders (Ihr Kollege)	Die Interpretation des Empfängers (Sie)
Beziehungsbotschaft	Du bringst weniger Erfahrung mit als ich.	Du weißt immer alles besser.
Appell	Lass uns bei dem bleiben, was wir schon kennen!	Halt dich da besser raus!

Tabelle 3: Die vier Ebenen der Kommunikation

Sie können sich vorstellen, was passiert, wenn Sie auf die vermeintlich negative Beziehungsbotschaft des Kollegen mit einem Gegenangriff kontern. Immerhin könnte der sich noch wehren. Anders als ein Mitarbeiter, der sich schon wegen des hierarchisches Ungleichgewichts in einer unterlegenen Position befindet. Von daher wird er eher die verbalen Spitzen seines Vorgesetzten schlucken, bevor er einen Konflikt oder andere Konsequenzen riskiert. Besonders förderlich dürfte das aber nicht für Ihrer beider Verhältnis sein.

Idealerweise beherrschen Sender wie Empfänger alle vier Seiten, was so gut wie nie der Fall ist. Viele Menschen haben einseitige Empfangsgewohnheiten und hören bevorzugt nur mit einem Ohr. Mit welchem, hängt zum Teil mit den Lebenserfahrungen zusammen und auch damit, wie die Beziehung zum Gesprächspartner bisher erlebt wurde. Kennen Sie Ihr »Lieblingsohr«? Und gibt es ein Ohr, auf dem Sie praktisch »taub« sind? Für diejenigen, die es genau wissen wollen, befindet sich im Anhang ein Test in Form eines Selbsteinschätzungsbogens. Ich empfehle, diesen erst zu durchlaufen, damit Sie sicher sein können, welches Sie trainieren sollten.

7.1.1 Die vier Ohren trainieren

Sobald Sie merken, dass im Gespräch etwas nicht stimmt, hilft es, in Gedanken einen Schritt zurückzugehen und zu überlegen: Was passiert hier eigentlich? Warum reagiert mein Gesprächspartner so wütend? Warum fühle ich mich angegriffen? Habe ich den anderen missverstanden oder er mich? Welche Botschaft habe ich rausgehört? In diesem Moment rücken Sie vom eigentlichen Gesprächsthema ab und gehen dazu über, die Gesprächsstörung in den Mittelpunkt zu rücken. Erst wenn Sie Störungen rechtzeitig erkennen, besteht die Möglichkeit, erfolgreich dagegen anzugehen. Wollen oder können Sie während des Gespräches sich nicht damit beschäftigen, analysieren Sie im Nachhinein, was schiefgelaufen ist. Denn das Gemeine ist, dass ausgerechnet dann, wenn kommunikative Fähigkeiten besonders gefordert sind, nämlich im Konflikt, die soziale und emotionale Intelligenz rapide in den Keller sinkt. Es sind die tieferen Ebenen unserer Seele berührt, und dann werden wir quasi von unten überrollt. Gehen Sie deshalb mit etwas Abstand die Kernaussagen noch einmal durch und »hören« Sie genau hin:

Sachohr: Worüber will er mich informieren?

Appellohr: Was will er von mir?

Beziehungsohr: Was hält er von mir und wie stehen wir zueinander?

Selbstkundgabeohr: Was für einer ist das bzw. wie ist ihm zumute?

Vielleicht haben Sie Gelegenheit, das Gespräch mit jemandem durchzugehen. Wandeln Sie Ihre Antworten ab, bis Sie für sich die optimale gefunden haben, die das Gespräch gerettet hätte. Eine solche Übung trainiert nicht nur die Ohren, sondern baut auch den Ärger über den Gesprächspartner ab oder die Enttäuschung über sich selbst, falsch reagiert zu haben. Gleichzeitig prägen sich Formulierungen ein, die beim nächsten Störfall hilfreich sein können. Sie werden bald merken: Das Miteinander verläuft um ein Vielfaches besser, wenn Sie häufiger mit dem Selbstkundgabeohr hören. Sich in den anderen hineinzuversetzen, ihn dadurch besser mit seinem Anliegen zu verstehen, schafft Empathie. Der andere fühlt sich verstanden, an- und ernst genommen. Er bleibt nicht nur offen für das Gespräch, sondern auch für Ihre Wünsche und Anliegen.

Auch wenn das Selbstkundgabeohr für Empathie steht, hat jedes Ohr seine zugewiesene Aufgabe und bringt Vorteile, wenn es auf Empfang geschaltet hat. Wir schauen uns an, welches Ohr sich für welche Zwecke am besten eignet, und umgekehrt, was passieren kann, wenn wir auf einem zu »hellhörig« sind:

- **Mit einem starken Sachohr** konzentrieren Sie sich auf den Sachinhalt der Information. Sie müssen lediglich entscheiden: Ist der Sachinhalt wahr bzw. die Aussage zutreffend? Ist sie relevant, das heißt, sind die aufgeführten Sachverhalte für das anstehende Thema von Belang? Genügen die Informationen oder bedarf es weiterer? Das Sachohr ist hilfreich, um zu analysieren, zu sortieren, zu strukturieren und Probleme zu lösen, allerdings nur, wenn diese nicht auf der Beziehungsebene liegen. Gibt es hier Schwierigkeiten und werden diese von Ihnen allein auf der Sachebene ausgetragen, sind unergiebige Diskussionen und Konflikte die Folge.

- **Mit einem großen Appellohr** hören Sie selbst unausgesprochene Erwartungen Ihrer Mitarbeiter heraus. Auf dieser Ebene können sowohl Wünsche, Appelle, Ratschläge als auch Handlungsanweisungen gegeben werden, die offen oder verdeckt erscheinen. Sie fragen sich: Was will er jetzt von mir? Was soll ich (nicht) machen, denken oder fühlen? Dieses Ohr ist günstig in Krisensituationen und auch für die Mitarbeiter- und Kundenorientierung. Ein übergroßes Appellohr erschwert es jedoch, eigene Bedürfnisse, Wünsche und Ziele wahrzunehmen und zu vertreten. Denn nehmen Sie Mitarbeitern mehr als erforderlich ab, kann dies zu deren Unselbstständigkeit führen.

- **Das sensible Beziehungsohr** hört quasi »stereo«, weil diese Nachrichtenseite streng genommen zwei Arten von Botschaften beinhaltet: zum einen solche, aus denen hervorgeht, was Ihr Mitarbeiter in dieser Situation oder generell von Ihnen hält (Du-Botschaft), zum anderen auch eine Botschaft darüber, wie er die Beziehung zwischen Ihnen beiden (Wir-Botschaft) definiert. Es eignet sich hervorragend, unterschwellige Konflikte zu erkennen und anzusprechen; weniger geeignet ist es, wenn es um die Lösung von Sachproblemen geht. Besitzen Sie ein überempfindliches Beziehungsohr, hören Sie in der neutralsten Nachricht ein Statement zu Ihrer Person und neigen dazu, alles auf sich zu beziehen. Das könnte dazu führen, dass Sie sich schnell angegriffen und gekränkt fühlen: Wenn jemand wütend ist, fühlen Sie sich beschuldigt. Wenn jemand lacht, fühlen Sie sich nicht ernst genommen. Wenn jemand guckt, fühlen Sie sich kritisch gemustert. Schaut er weg, fühlen Sie sich ignoriert.

- **Mit dem Selbstkundgabeohr** lässt sich sehr gut heraushören, was mit Ihrem Gesprächspartner gerade los ist. Denn ob beabsichtigt oder nicht – in jeder Mitteilung steckt ein Stück Selbstoffenbarung. Achten Sie besonders darauf, wie Ihr Mitarbeiter etwas sagt. Sie erhalten Antworten auf die Frage: Was ist das für einer? Wie ist er drauf? Was ist mit ihm los? In Verbindung mit Ihrem Appellohr werden Sie schnell heraushören, was Ihr Mitarbeiter wirklich gerade (von Ihnen) braucht. Das Selbstoffenbarungsohr ist besonders in Konfliktsituationen hilfreich, aber auch wenn es um die Mitarbeiterbindung geht. Fühlen sich Menschen mit all ihren Gedanken und vor allem auch Gefühlen »gesehen«, entsteht eine andere Qualität der Verbindung als bei einer Zustimmung auf der Sachebene. Herauszuhören, wie jemandem zumute ist und was er braucht, hilft auch, Verständnis für den anderen aufzubringen. Dieses Ohr ist in Kooperation mit dem Appellohr prädestiniert für empathisches Verhalten..

Fazit: Eine Nachricht ist ein ganzes Paket mit sprachlichen und nichtsprachlichen Anteilen und kann viele Botschaften enthalten. Den vier Senderseiten stehen vier Ohren gegenüber, mit denen der Empfänger diese Nachricht hört. Sollten Sie dazu neigen, immer nur auf einem Ohr zu hören, während Sie auf einem anderen taub sind, sollten Sie Ihre Hörgewohnheiten ändern. Das Selbstoffenbarungsohr ist – zusammen mit dem Appellohr – hauptsächlich für die Empathie verantwortlich, weswegen es gut trainiert werden muss. Das erreichen Sie, indem Sie sich in Gesprächen diese Seite der Botschaft bewusst machen und anschließend Ihre Antwort darauf ausrichten. Hören Sie deshalb gut zu, was Ihnen Ihr Gegenüber mitteilen möchte und wie ihm dabei zumute ist. Wenn das mal nicht die perfekte Überleitung zum aktiven Zuhören ist!

Wer redet, sagt viel. Wer zuhört, gewinnt viel.

7.2 Aktives Zuhören

Kennen Sie das? Sie befinden sich in einem Gespräch, und plötzlich spüren Sie, dass irgendetwas schiefläuft. Die Unterhaltung hat eine merkwürdige Wendung genommen, das Gesprächsklima verschlechtert sich. Sie nehmen diesen atmosphärischen Wandel zwar wahr, wissen aber nicht, woran es liegt. Ganz gleich, von wem die Störung ausgeht, es steckt immer dieselbe Ursache dahinter: Mindestens einer der Beteiligten fühlt sich missverstanden. »*Die meisten Leute hören nicht zu, um zu verstehen, sie hören zu, um zu antworten. Entweder sie sprechen oder sie bereiten sich darauf vor zu sprechen. Sie filtern alles durch ihre eigenen Paradigmen, lesen ihre eigene Autobiografie im Leben anderer.*« (Covey, 2018) Das ist etwa so, als wenn Sie zum Arzt gingen und der ohne Untersuchung direkt ein Rezept ausstellen würde. Für wie kompetent und vertrauenswürdig würden Sie den halten? Wenn Sie in Gesprächen vorschnell Wertungen abgeben und Ratschläge oder Tipps aus der eigenen Erfahrungskiste kramen, bevor Sie wirklich verstanden haben, worum es geht, dann wären

Sie keinen Deut besser als dieser Arzt. Dasselbe gilt, wenn eine oder mehrere der nachfolgenden Aussagen auf Sie zutreffen:

- Unterbreche ich den Sprecher?

- Lege ich mir meine Antwort bereits zurecht, während die andere Person noch spricht?

- Spreche ich die Sätze des Gesprächspartners für ihn zu Ende, weil ich zu wissen glaube, was er sagen will?

- Warte ich nur auf ein Stichwort, damit ich selbst reden kann?

- Schweifen meine Gedanken ab?

- Mache ich was anderes, während der andere spricht?

- Ist es mir egal, ob ich genau verstanden habe, was die andere Person sagt, und frage ich nicht nach?

Es mag sein, dass Sie buchstäblich viel um die Ohren haben. Mit Deadline im Nacken kann aufmerksames Zuhören eine echte Herausforderung sein. Sicher wird Sie auch nicht jedes Gespräch brennend interessieren. Aber selbst wenn Ihnen das Thema nicht wichtig ist, ist es das vielleicht für Ihren Mitarbeiter umso mehr. Empathie setzt Verständnis voraus und Verständnis das Verstehen Doch wie wollen Sie etwas verstehen, wenn Sie nicht einmal richtig hinhören? Dabei bringt es nur Vorteile: Durch aktives Zuhören wird die zwischenmenschliche Verständigung einfacher, schneller und effektiver. Beziehungen werden gefestigt. Die Loyalität und emotionale Bindung zu Ihren Mitarbeitern wie überhaupt zu Ihren Mitmenschen wird gefördert. Der persönliche Einfluss wächst und damit auch der Erfolg. Aber was bedeutet das: aktives Zuhören? Zunächst einmal mehr als die passive Aufnahme von Informationen, wie schon der Zusatz »aktiv« verrät. Und offensichtlich auch mehr als die physiologische Verarbeitung eines akustischen Reizes.

Aktives Zuhören gehört neben der Fragetechnik mit zu den wichtigsten Kommunikationsmitteln. Die Methode wurde von Carl Rogers, dem Begründer der personenzentrierten Gesprächspsychotherapie, entwickelt. Rogers´ Grundannahme ist, dass der Klient durch die Akzeptanz und Empathie des Therapeuten lernt, sich selbst zu akzeptieren und zu verwirklichen. Durch das Verbalisieren der Gefühle und Bedürfnisse, durch sachliches Zusammenfassen und gezieltes Nachfragen fühlt sich der Klient verstanden. Daher postulierte der bekannte Psychotherapeut schon früh: Sprechen lassen anstatt selbst zu sprechen. Im Laufe der Zeit entwickelte sich das aktive Zuhören zu einer allgemein bewährten Kommunikationsmethode. Die Basis des aktiven Zuhörens bilden bilden drei wesentliche Elemente:

1. eine offene und empathische Grundhaltung

2. authentisches und kongruentes Auftreten

3. Akzeptanz und bedingungslose positive Beachtung des Gesprächspartners

Zuhören besitzt demnach eine stark psychologisch-ethische Komponente und ist viel mehr als nur eine Art des Gesprächsverhaltens. Auf diese Weise erhalten andere das Gefühl von (Be-)Achtung, Respekt und Wertschätzung. Erst nachfolgend kommt die Technik. Sich empathisch auf sein Gegenüber einzulassen, sich voll zu konzentrieren und dies durch die eigene Körperhaltung auszudrücken will ebenso gelernt sein, wie mit der eigenen Meinung zurückhaltend umzugehen, bei Unklarheiten im richtigen Moment nachzufragen, Pausen auszuhalten, auf die eigenen Gefühle zu achten, die Gefühle des Partners zu erkennen und richtig anzusprechen und sich bei Äußerungen kurz zu fassen. Es bedarf einer Menge Geduld, den Sprecher nicht zu unterbrechen, ausreden zu lassen, Blickkontakt zu halten, sich durch Vorwürfe und Kritik nicht aus der Ruhe bringen zu lassen und – darüber hinaus – der Empathie, sich innerlich in die Situation des Sprechers hineinzuversetzen.

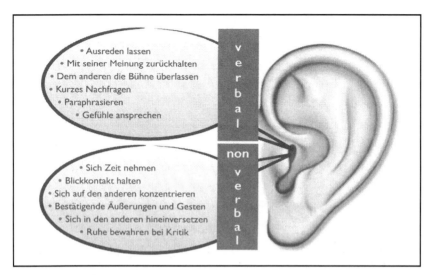

Abb. 7: Aktives Zuhören

Trainieren Sie Ihre Zuhörfähigkeit. Lernen Sie, Gehörtes zu analysieren und zu verstehen und etwaige Missverständnisse zu klären. Und so geht es:

1. **Nehmen Sie sich ausreichend Zeit** für das Gespräch. In einem Zeitalter, in dem gerade diese Ressource Mangelware ist, gilt Aufmerksamkeit als die höchste Form der Wertschätzung. Bereits der Rahmen, in dem Sie dem Mitarbeiter ein Gespräch anbieten, kann ein Zeichen setzen, wie wichtig Ihnen das ist. Sind Sie hingegen innerlich auf dem Sprung, wird er sich nur »dazwischengeschoben« fühlen. Brechen Sie ein Gespräch auch nicht mittendrin ab, weil Sie zu einem anderen Termin müssen. Selbst wenn es zu einer Fortsetzung kommen sollte und es Ihnen gelingt, inhaltlich an dem Punkt anzuknüpfen, wo Sie vor der Unterbrechung waren, entsteht ein Bruch.

2. **Nehmen Sie Blickkontakt auf** und halten Sie diesen. Natürlich brauchen Sie Ihr Gegenüber nicht unentwegt anzustarren, doch signalisieren Sie mit den Augen, dass Sie ganz bei ihm sind. Nichts irritiert mehr, als wenn jemand während eines Gespräches wegschaut. Wenden Sie sich dem Sprechenden körperlich

zu. Eine zugewandte, offene Körperhaltung zeigt auch die geistige Zugewandtheit.

3. **Konzentrieren Sie sich auf Ihren Gesprächspartner.** Bekomme ich mit, dass jemand während unseres Telefonats auf seiner Computertastatur tippt, beende ich schnell das Gespräch. Dann weiß ich nämlich, dass mir nicht wirklich zugehört wird. Ähnlich wird es Ihrem Gesprächspartner gehen, wenn Sie nicht zu 100 Prozent präsent sind. Am besten beseitigen Sie von vornherein alle potenziellen Ablenkungsquellen. Sobald Sie bemerken, dass Sie gedanklich abdriften, rufen Sie sich ganz bewusst die letzten Sätze in Erinnerung. Oder bitten Sie den Mitarbeiter, seinen letzten Satz noch einmal zu wiederholen. So steigen Sie elegant wieder ins Gespräch ein, bevor er aus Enttäuschung über die fehlende Aufmerksamkeit aussteigt.

4. Zeigen Sie Geduld und **lassen Sie den anderen ausreden.** Volkskrankheit Nummer eins ist und bleibt, anderen ständig ins Wort zu fallen. Das zeugt nicht nur von schlechten Manieren, sondern wird zudem von dem Betroffenen als wenig wertschätzend empfunden. Manche Menschen neigen auch dazu, die Sätze ihrer Gesprächspartner zu vervollständigen, um Zeit zu sparen. Bedenken Sie: Pausen können ein Zeichen für Unklarheiten, Angst oder Ratlosigkeit sein. Wenn Sie darauf nicht eingehen, hängen Sie Ihren Gesprächspartner womöglich ab. Warten Sie lieber, bis er sich emotional gefangen oder die richtigen Worte gefunden hat. Durch diese Vorgehensweise stellen Sie zum einen sicher, wirklich alle wichtigen Informationen erhalten zu haben, zum anderen drücken Sie Respekt und Empathie aus.

5. **Halten Sie sich mit der eigenen Meinung und Vorwürfen zurück.** Hier geht es nicht um Ihre Sicht der Dinge, sondern darum, über den anderen etwas zu erfahren. Machen Sie sich vor jedem Gespräch das eigentliche Ziel bewusst. Wer sich mental vorbereitet, kann dem Impuls, sofort auf das Gesagte zu reagieren, besser widerstehen und sich auf die Informationen

konzentrieren, die er verbal und nonverbal erhält. Das heißt nicht, dass Sie generell keinen Standpunkt haben dürfen, nur für den Moment der Informationsaufnahme spielt der keine Rolle.

6. **Überlassen Sie Ihrem Gesprächspartner »die Bühne«,** und versuchen Sie nicht, mit Sätzen wie »Das kenne ich« oder »Genau das habe ich auch mal erlebt« das Gespräch an sich zu reißen. Ganz bestimmt können Sie mit Ihrem reichhaltigen Wissen und Ihrem Erfahrungsschatz zu vielen Themen etwas beitragen. Das Problem ist nur: Während Sie Ihre persönliche Schatzkiste aufmachen und sich buchstäblich ausbreiten, bleibt wenig Raum für Ihr Gegenüber. Stellen Sie nicht sich, sondern ihn in den Mittelpunkt. Damit signalisieren Sie ihm: »Du bist jetzt wichtig! Sage mir, was dich beschäftigt.«

7. **Fragen Sie nach,** wenn Sie etwas nicht richtig mitbekommen haben. Viele Menschen verspüren Hemmungen, nachzufragen, wenn sie glauben, etwas nicht verstanden zu haben. Es scheint ihnen geradezu peinlich zu sein, sich den Sachverhalt noch einmal erklären zu lassen. Lieber täuschen sie vor, alles begriffen zu haben. Dabei liegt es in der Verantwortung des Senders, seine Informationen so zu verpacken, dass sie für den Empfänger verständlich sind. Zudem beweist das kurze Nachfragen aufrichtiges Interesse am Thema, wobei die Betonung auf »kurz« liegt. Ansonsten verliert der Mitarbeiter den roten Faden.

8. Wiederholen Sie einzelne Wörter oder nicken Sie mit dem Kopf als Zeichen dafür, dass Sie verstanden haben. Solche **bestätigenden Äußerungen und Gesten** wirken bekräftigend und passieren meist schon automatisch. Vermeiden Sie Formulierungen wie »Ich verstehe« oder »Aha«, weil sie wie abgedroschene Floskeln klingen. Auch ein brummendes »Mhm ... « weist mehr auf ein passives Zuhören hin, das zeigt, dass Sie die Person zwar hören, aber vermutlich kein Interesse haben. Wirkungsvollere Alternativen sind Aussagen wie »Tatsächlich?« oder »Das ist wirklich passiert?«. Auch die Fragen »Wann? Wie? Warum?« drücken Zuspruch aus, etwas Gesagtes weiter auszuführen.

9. **Versetzen Sie sich in die Situation des anderen.** Zeigen Sie sich empathisch, indem Sie Ihren Gesprächspartner über verbale und nonverbale Botschaften zum Weitersprechen animieren. Auf das Gesagte können Sie mit Sätzen reagieren wie: »Das tut mir sehr leid für dich« oder »Das klingt wirklich übel«. Auf den ersten Blick steckt in diesen Aussagen nicht viel Inhalt. Sie bringen aber Ihre Empathie zum Ausdruck und sind gerade für Situationen geeignet, in denen Menschen lieber Verständnis hätten als Ratschläge. Indem Sie sich zurückhalten, lassen Sie Ihrem Gegenüber Zeit und Raum, das Geschehene zu verarbeiten und selbst auf eine Lösung des Problems zu kommen.

10. **Bewahren Sie die Ruhe bei Kritik.** Da will Ihnen jemand etwas mitteilen, was ihn ärgert, was ihn kränkt oder was ihm fehlt. Wenn Sie sich durch ein Feedback persönlich angegriffen fühlen und beleidigt reagieren, könnte das nicht nur zu einer Eskalation führen. Mitarbeiter könnten auch zu dem Schluss kommen: »Mein Chef kann mit Kritik nicht umgehen. Dann kann ich mir das auch gleich sparen.« Möglicherweise sind Sie gar nicht persönlich gemeint. Gleichgültig, was dahintersteckt – bleiben Sie souverän! In solchen Momenten hilft es, sich mehr auf sein Sachohr zu konzentrieren und weniger auf die Beziehungsbotschaft.

11. **Fassen Sie in eigenen Worten zusammen,** was Sie gehört haben – und zwar ohne etwas hineinzuinterpretieren. Wenn Sie wiederholen, was Ihr Mitarbeiter gesagt hat, zeigen Sie nicht nur, dass Sie ihm aufmerksam zugehört haben. Sie vergewissern sich auch gleichzeitig, dass Sie verstanden haben, was er meint. Das sogenannte »Paraphrasieren« leitet man mit folgenden Formulierungen ein: »Habe ich Sie richtig verstanden, dass ...« oder »Bis jetzt habe ich folgende Kernaussagen verstanden ...«. Hier ist weniger das wörtliche Zitieren des Gesagten gefragt, sondern das Eingehen auf die Empfindungen und tiefergehende Gedanken des Mitarbeiters.

12. Sprechen Sie die Gefühle an, wenn welche im Raum stehen. Warten Sie einen Moment ab und unterscheiden Sie kognitive und emotionale Ebene. Sind Sie sich sicher, das Gefühl identifiziert zu haben, können Sie das entsprechend offensiv äußern: »Jetzt sind Sie wütend darüber, dass ...« bzw. »Sie zweifeln daran ...«. Falls Sie eher unsicher sind, was an Emotionen da gerade mitschwingt, formulieren Sie neutral: »Das hört sich an, als ob ...« oder »Es scheint Ihnen wichtig zu sein, dass ...«. Lassen Sie dabei auch eigene Gefühle nicht außer Acht. Wenn Sie emotional aufgewühlt sind, werden Sie sich nicht auf das Gespräch konzentrieren können. Es bringt nichts, aus lauter Pflichtgefühl so zu tun als ob. Vereinbaren Sie lieber einen neuen Termin. Ihr Gesprächspartner wird dafür Verständnis haben. Schließlich sind Sie auch nur ein Mensch.

Wirkliches Verstehen beschränkt sich nicht nur auf die wörtliche Aussage. Mindestens ebenso von Bedeutung ist es, wie etwas gesagt wird und vor allem was unausgesprochen bleibt. Der tiefere Sinn steckt oft zwischen den Zeilen. Die eigentliche Kunst besteht darin, den »Subtext« richtig zu lesen. Das gelingt umso besser, je mehr Sie sich auf die nonverbalen Signale konzentrieren. Hören und sehen Sie genau hin, und fragen Sie sich: Wie authentisch wirkt der Mitarbeiter, wenn er mir versichert, dass ihm die zusätzlichen Aufgaben nichts ausmachen? Verändert sich der Gesichtsausdruck? Die Stimme? Der Tonfall? Denken Sie immer daran: Bei allen Beobachtungen handelt es sich nur um Hinweise und nicht um Wahrheiten. Was jemand denkt oder fühlt, können Sie nur mutmaßen, aber nie wirklich wissen.
Sicherer als Hellsehen ist Nachfragen. Besonders bei wichtigen Angelegenheiten sollten Sie sich lieber vergewissern, ob Sie mit Ihrer Interpretation richtigliegen. Als empathische Führungskraft bringen Sie Ihren Mitarbeiter ohnehin dazu, möglichst viel von sich zu erzählen. Das gelingt am besten, indem Sie basierend auf den Informationen, die Sie durch das aktive Zuhören gewinnen, daran anschließend offene Fragen stellen.

Fazit: Zuhören ist nicht passiv, sondern muss aktiv gestaltet werden. Aktives Zuhören erfordert Aufmerksamkeit und das Erfassung von inneren Zusammenhängen, eine kritische Überprüfung der eigenen Wahrnehmung sowie die vorsichtige Interpretation und Ansprache der Gefühle des Gesprächspartners. Die zwischenmenschliche Verständigung wird einfacher, schneller und effektiver.

7.3 Persönlichkeitstypen

Leider gibt es keine »Gebrauchsanweisung« für den Menschen. Wenn es die gäbe, müsste sie für jeden anders aussehen. Unterschiedliche Menschen nehmen die Welt zwar ähnlich wahr. Doch was sie dann aus diesen Eindrücken machen, ist sehr verschieden. Das beeinflusst ihr Verhalten, was sich Führungskräfte oft nicht ausreichend bewusst machen. Das ist, als wenn der Computer plötzlich streikt und jemand ohne grundlegende Kenntnisse versuchsweise einige Tasten betätigt. Mit viel Glück wird der Rechner vielleicht wieder seinen Dienst aufnehmen. Doch wehe, es wird auf die falsche Taste gedrückt! Der Schaden wäre womöglich noch größer.

Mit unserem Grundstock an »psychologischen Fähigkeiten« meinen wir häufig zu wissen, warum sich jemand auf eine bestimmte Art und Weise verhält. Ob wir mit diesem Urteil richtigliegen, hängt von unserer Menschenkenntnis ab. Die ist zwar nicht angeboren, wird aber meist im Laufe des Lebens durch Erfahrungen mit vielen unterschiedlichen Charakteren erworben und verfeinert – vorausgesetzt, man beschäftigt sich in seinem »technischen System« auch mit dem »Faktor Mensch«. Falls nicht, entsteht ein größerer Trainingsrückstand – im schlimmsten Fall von mehreren Jahrzehnten. Die Frage ist: Lässt sich der Weg zur besseren Menschenkenntnis abkürzen? Die Antwort lautet: Ja! Zwar ersetzt nichts die eigene Lebenserfahrung, aber es gibt theoretische Modelle, die menschliches Fühlen, Denken und Verhalten in plausiblen Persönlichkeitsdimensionen sehr anschaulich beschreiben und damit das Durchschauen erleichtern.

Fundierte Persönlichkeitsmodelle beruhen auf schlüssigen theoretischen Konzepten und wissenschaftlich durchgeführten Untersuchungen. Sie geben nicht nur Antworten, sondern auch Orientierung. Wenn ich als Führungskraft weiß, dass ein Mitarbeiter introvertiert ist und sich deshalb wenig an Teamgesprächen beteiligt, dann binde ich ihn mit Fragen ein. Das wird ihn dazu ermutigen, seine guten Ideen mit einzubringen. Handelt es sich dagegen um jemanden, der am produktivsten ist, wenn er selbst gestalten kann, gewähre ich ihm die Freiheit, anstatt Wege vorzugeben. So gehe ich auf jeden Mitarbeiter empathisch ein und entwickle ihn individuell. Auch zur Vorbeugung und Klärung von Konflikten eignen sich Typologien hervorragend, weil sich daran Unterschiede in den Erwartungen und im Verhalten gut verdeutlichen lassen. Bei den Betroffenen führt das oft zu »Aha-Effekten«. Was ich einordnen kann, kann ich besser akzeptieren. Dann fällt es leichter zu erkennen: Der andere ist nicht falsch und auch nicht böse, sondern einfach nur anders gestrickt.

Die Kategorisierung in Gruppen zielt auf eine Systematisierung von Persönlichkeitsmerkmalen ab und dient der besseren Verständlichkeit. Es wird von der Besonderheit des Menschen abstrahiert und nach gemeinsamen Mustern gesucht. Ein Typ repräsentiert Merkmalskombinationen, die ihn von anderen Typen unterscheiden. Die Krux ist: Je kleiner die Anzahl an Kategorien, desto wahrscheinlicher ist es, dass sich Menschen als »Zwischentyp« erweisen und nicht genau zuzuordnen sind, zumal bei keinem Menschen ein einzelner Persönlichkeitsstil in ausschließlicher Ausprägung vorkommt. Gibt es hingegen zu viele Kategorien, verliert das Modell an Alltagstauglichkeit. Jede Typologie ist demnach eine Gratwanderung zwischen der Exaktheit der Kategorien und dem praktischen Nutzen als komplexitätsreduzierendes Erklärungsmodell.

Diesbezüglich stellt das *Riemann-Thomann-Modell* einen guten Mix dar. Das vom deutschen Psychoanalytiker Fritz Riemann 1961 entwickelte und 1988 durch Christoph Thomann »entpathologisierte« Persönlichkeitsmodell bietet den Vorteil, schnell brauchbare Ergebnisse aufzuzeigen, ohne dabei oberflächlich zu wirken. Es lässt sich mit wenig Trainingsaufwand direkt in der Praxis anwenden. Andererseits ist es differenziert genug, um Charaktere zu unterscheiden, ohne sie in zu eng definierte Schubladen »pressen« zu müssen.

Riemann unterscheidet vier Kategorien, aus denen sich genauso viele Pole ergeben: Bindungs- und Hingabefähigkeit (Nähe) versus Abgrenzungsfähigkeit (Distanz) sowie Beständigkeit (Dauer) versus Flexibilität (Wechsel). Grundsätzlich sind alle vier Tendenzen in jedem Menschen vorhanden, wobei sich – je nach genetischer Veranlagung, Sozialisierung und Situation – ein oder zwei besonders ausgeprägt zeigen. Jede Grundstrebung hat Licht- und Schattenseiten, weswegen es weder gut noch schlecht gibt.

Die Einschätzung der Persönlichkeit hinsichtlich der Ausprägung erfolgt in einem zweidimensionalen Koordinatensystem. Dabei wird zwischen einer räumlichen Dimension (Nähe/Distanz) und einer zeitlichen Dimension (Dauer/Wechsel) unterschieden.

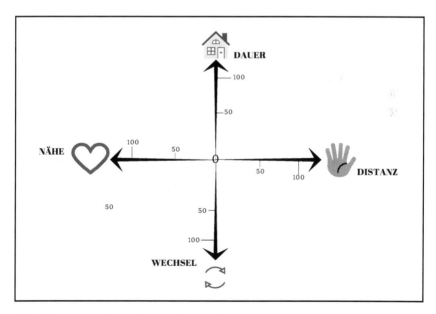

Abb. 8: Persönlichkeitsmodell nach Riemann/Thomann

Auch wenn wir alle Anteile besitzen und – je nach Situation – zwischen den Polen pendeln, macht deren Ausprägung letztendlich unsere Persönlichkeit aus. Besitzt jemand beispielsweise auf der Raumachse 70 Prozent Nähe- und 30 Prozent Distanzanteile und auf der Zeitachse jeweils 50 Prozent Dauer und Wechsel, erhält man aus beiden Koordinaten sein ungefähres »Heimatgebiet«. Dieses lässt sich zwar durch persönliche Entwicklung vergrößern, aber niemals komplett verschieben. Im Kern bleibt jeder der, der er ist. Menschen fühlen sich am wohlsten, wenn sie sich nahe ihrem Heimatgebiet befinden. Das bedeutet: Ein Nähetyp ist dann zufrieden und produktiv, wenn er mit anderen in Kontakt gehen darf, ein Distanztyp, wenn ihm genügend Freiraum zugestanden wird.

Im folgenden Abschnitt stelle ich Ihnen die vier Grundtypen in personifizierter Form vor. Dabei sind die jeweiligen Charaktere samt ihren Eigenschaften bewusst zum Zwecke der besseren Abgrenzung überzeichnet. Tatsächlich treten die Persönlichkeitsanteile weder in ihrer Reinkultur, noch isoliert auf. Die Zuweisung von Mann und Frau ist willkürlich gewählt und lässt sich ebenso gut umkehren. Ausgangspunkt ist eine Szene aus dem beruflichen Alltag: Sie übernehmen eine Abteilung und wollen sich einen Eindruck vom Team verschaffen.

Herr Distanz begrüßt Sie höflich, aber distanziert. Mit seiner hohen Kompetenz und Zielstrebigkeit hat er es innerhalb kürzester Zeit vom einfachen Sachbearbeiter zum Teamleiter gebracht. Die Beförderung brachte ihm nicht nur Prestige, sondern vor allem das langersehnte eigene Büro ein. Denn in dem Großraumbüro, in dem er bis dahin zusammen mit den Kollegen saß, kam es regelmäßig zum Streit. Vor allem mit Frau Wechsel, die immer wieder einen Teil seines Schreibtischs in Beschlag nahm. Das ärgerte Herrn Distanz nicht etwa, weil er ein Ordnungsfanatiker ist, sondern weil er es partout nicht leiden kann, wenn jemand in »seinen Bereich« eindringt.

Neben Status und Einfluss ist ihm vor allem seine Autonomie das Wichtigste. Große Herausforderungen bewältigt er eigenständig, zügig und erfolgreich. Auf hohem Niveau analysiert, kritisiert und löst er Probleme. Gewohnt, als »Ein-Mann-Armee« zu agieren, gibt dieser ehrgeizige Mitarbeiter ebenso selten Aufgaben ab, wie er Hilfe annimmt. Seine Kommunikation ist klar und direkt. Diplomatisches Geschick sucht man bei diesem ergebnisorientierten Menschen indes vergeblich. Seine Ziele verfolgt er konsequent und mit Nachdruck.

Er ist wie kein anderer in der Lage, zügig Entscheidungen zu treffen, und setzt diese zeitnah um. Lange Meetings hasst er genauso wie Small Talk, da beides im Widerspruch zu seinem Bedürfnis nach Effizienz steht. Konflikte kann Herr Distanz gut aushalten, zeigt sich allerdings bei Kritik überraschend schnell gekränkt, vor allem wenn er seine Leistung nicht ausreichend gewürdigt sieht. Weil dieser Mitarbeiter keine Furcht vor Obrigkeiten kennt und immer wieder die Geschäftsleitung auf Missstände bei den Werksarbeitern aufmerksam macht, hat er sich den Respekt seiner Kollegen verdient. Man kann sagen, er ist geachtet im Team, wenn auch nicht übermäßig beliebt.

Frau Nähe fühlt sich dagegen im Großraumbüro ausgesprochen wohl. Sie genießt nicht nur die Nähe zu ihren Kollegen, sondern sucht diese regelrecht. Somit trifft man sie permanent im Gespräch an – ob im Büro, auf den Fluren oder in der Kantine. Ihre Menschenbezogenheit spiegelt sich sowohl in ihrem Arbeits- als auch in ihrem Kommunikationsstil wider. Bei allem, was sie sagt oder tut, geht es ihr mehr um die Beziehung als um die Sache. Mit ihrer ausgleichenden, verbindlichen Art sorgt sie für den Zusammenhalt im Team und ein gutes Betriebsklima.

Für ihre Kollegen hat Frau Nähe stets ein offenes Ohr. Sie ist bekannt für ihr großes Herz und Verständnis. Von daher ist sie bei allen äußerst beliebt. Als echter Teamplayer ist ihr der Gesamterfolg wichtiger als die Chance, sich selbst zu profilieren. Eigene Interessen und Bedürfnisse werden gern zugunsten der Harmonie aufgegeben. Sie hält es ohnehin nie lange aus, wenn ihr jemand böse ist. Aus diesem Grund geht Frau Nähe Konflikten konsequent aus dem Weg. Ihre Aufgaben erfüllt sie pflichtbewusst, allerdings ohne diese proaktiv zu suchen.

Herr Dauer ist seit mehr als 20 Jahren im Unternehmen. Systematisch arbeitet er alle Aufgaben ab, die ihm zugeteilt werden – wenn es sein muss, auch über den Feierabend hinaus. Dabei geht er äußerst sorgfältig und genau vor, was zu einer erfreulich geringen Fehlerquote führt. Er liefert pünktlich seine Berichte, erscheint auf die Minute zu Terminen und hält Zusagen exakt ein. Mit ihm als Stellvertreter braucht sich kein Vorgesetzter Sorgen zu machen, dass während seiner Abwesenheit irgendetwas außer Kontrolle geraten könnte. Weniger disziplinierten Kollegen, die schon mal etwas »auf dem kurzen Dienstweg« erledigt haben wollen, stellt er sich vehement in den Weg. Schließlich muss alles seine Ordnung haben.

Seine Tüchtigkeit liegt in der Fähigkeit, planend und ordnend einzugreifen und den Überblick auch dort zu behalten, wo der rote Faden verloren geht oder Emotionen hochschlagen. Veränderungen jedweder Art sitzt er einfach aus in der festen Überzeugung, dass erstens er selbst oder zumindest sein Bereich gar nicht betroffen ist und man zweitens ohnehin nach einiger Zeit wieder zum Alten zurückkehren wird. Dieselbe Konstanz wie im Job zeigt Herr Dauer in seinen zwischenmenschlichen Beziehungen. Er pflegt wenige, aber intensive Freundschaften. Seine Frau Vera kennt er seit seinem Studium; er lebt mit ihr und den beiden Kindern zurückgezogen in einem Reihenhaus auf dem Land.

Bei **Frau Wechsel** handelt es sich um eine ausgesprochen charmante und dynamische Person. Die Gespräche mit ihr sind sehr informativ und abwechslungsreich. Sie spricht gern, schnell und viel. Mit ihrer humorvollen Art schafft sie es, selbst trockenste Themen in spannende Geschichten umzuwandeln. Niemand im Team liebt die Bühne so sehr wie sie. Ihre hohe Flexibilität, ihre Leistungsbereitschaft und insbesondere auch ihr Gespür für Trends prädestinieren sie für den Job als Marketingleiterin, dem sie bis vor einem Jahr nachging, bevor sie in den Vertrieb wechselte. Bereits nach kurzer Einarbeitungszeit hat diese engagierte Mitarbeiterin einen lukrativen Auftrag an Land gezogen. Sie scheut weder Mühe noch Risiko. Ihr Motto lautet: »Wer wagt, gewinnt!«

Auch sonst stellt Frau Wechsel mit ihrer positiven Einstellung und Kreativität eine echte Bereicherung für die Abteilung dar. Als wahres Multitalent könnte man sie praktisch überall einsetzen – außer für einen reinen Schreibtischjob. Der würde für die wissbegierige Mitarbeiterin den sicheren Tod aus Langeweile bedeuten. Nichts hasst sie mehr als Stillstand und Routine – außer vielleicht noch den nervigen Administrationskram, mit dem die Buchhaltung sie quält. Eine termingerechte Erledigung von Aufgaben darf man ebenso wenig voraussetzen wie eine systematische Vorgehensweise. Verspätungen nimmt man der charmanten Chaotin aber nicht allzu übel. Sie spricht mehrere Sprachen, ist an fremden Kulturen interessiert und verbindet gerne Leidenschaft und Job.

Bestimmt haben Sie Eigenschaften von Personen aus Ihrem Umfeld wiedererkannt. Vielleicht gab es sogar das ein oder andere Aha-Erlebnis. »Aha, jetzt weiß ich, warum der neue Mitarbeiter erst einmal auf Distanz ging, als ich ihm bei unserer ersten Begegnung gleich das Du angeboten hatte.« Oder: »Aha, deshalb reagiert mein Steuerberater immer so unwirsch, wenn ich die Belege ein paar Tage später als vereinbart einreiche.« Zugleich hilft das Modell, eigene Fallen zu erkennen. Wenn Sie selbst als Dauertyp nach Sicherheit und Stabilität streben, sollten Sie aufpassen, nicht an Arbeitsabläufen und Vorgehensweisen festzuhalten, die unter veränderten Bedingungen nur noch suboptimal sind. Streben Sie umgekehrt nach Veränderung, dann wäre es gut, darauf zu achten, nicht überstürzt einen neuen Trend aufzugreifen.

Ein erfolgreiches Team setzt sich übrigens aus allen vier Grundtypen zusammen. Teams in »ausgewogener Besetzung« sind bestens geeignet, komplexe Aufgaben zu meistern und ein gutes Teamklima zu entwickeln – vorausgesetzt, die unterschiedlichen Grundtypen können konstruktiv und kreativ mit der Andersartigkeit ihrer Kollegen umgehen. Hier ist einmal mehr Empathie von den Führungskräften gefordert. Es gehört zu ihren Führungsaufgaben, für die Akzeptanz und den bewussten Umgang damit zu sorgen. Erfolgreiche Führungskräfte wissen zudem, wer für welche Aufgaben genau der Richtige ist. Sie können Mitarbeiter an den richtigen Stellen entwickeln und an den Stellen, wo gewisse Tendenzen und Neigungen die Zusammenarbeit schwer machen, bewusst gegensteuern. Wenn zum Beispiel die schwach ausgeprägte Gewissenhaftigkeit eines Mitarbeiters mit hohen Wechselanteilen immer wieder zu Fehlern führt, könnten Sie ihn dazu ermuntern, ein System zu entwickeln, das ihn an alles Wesentliche erinnert. Im persönlichen Umgang mit Ihren Angestellten sollten Sie Nähe und Distanz variieren. Selbstverständlich möchten alle freundlich und zuvorkommend behandelt werden – allerdings gibt es Unterschiede, wie angenehm (oder unangenehm) Menschen persönlichen Kontakt empfinden. Während Mitarbeiter mit hohem Distanzanteil mehr Abstand im zwischenmenschlichen Kontakt bevorzugen, indem sie unnötigen körperlichen Kontakt, persönliche Gespräche oder zu direktem Augenkontakt meiden, wünschen sich Mitarbeiter mit hohem Näheanteil eine enge Beziehung. Diesem Bedürfnis können Sie durch Anteilnahme, gelebte Fürsorglichkeit und persönliche Gespräche nachkommen.

7.3.1 Kommunikationsstile

Auch in der Kommunikation machen sich Unterschiede bemerkbar. In den unteren Tabellen befinden sich sowohl eine Auflistung von Merkmalen, anhand derer sich die vier Persönlichkeitstypen erkennen lassen (linke Spalte), als auch einige Handlungsempfehlungen (rechte Spalte).

Kommunikation mit einem Distanztyp: Dieser Mitarbeiter ist an den wesentlichen Informationen interessiert – an dem »Was« und dem »Wann«. Er liebt Kommunikation kurz, prägnant und schnell auf den Punkt gebracht. Jedes Zuviel erzeugt sofortige Langeweile. Auf besondere Ankündigungen, eine detaillierte Agenda und den Hinweis, was gleich besprochen wird, verzichtet er dankend.

Typisches Kommunikationsverhalten
Hat eine kurze Aufmerksamkeitsspanne
Macht klare Ansagen
Sätze werden teilweise nicht zu Ende gesprochen
Geringe bis gar keine Toleranz für Fehler, Gefühle oder Ratschläge anderer
Bringt selbstbewusst seine Stärken zum Ausdruck
Verwendet Fakten als Grundlage für Entscheidungen
Will die Kontrolle und direkte Antworten
Fragt nach dem eigenen Nutzen
Hat eine laute Stimme und schnellere Sprechweise
So passen Sie Ihre Kommunikation an
Konzentrieren Sie sich auf das Wesentliche und kommen Sie zügig zum Kern der Sache
Vermeiden Sie Wiederholungen oder lange Erklärungen
Behandeln Sie die Dinge professionell
Bieten Sie mehrere Optionen, damit er das Gefühl hat, entscheiden zu können
Erwähnen Sie, was unterm Strich (für ihn) herauskommt
Argumentieren Sie ergebnisorientiert
Treten Sie selbstsicher auf
Sorgen Sie für ausreichend Anerkennung, indem Sie seine Kompetenz, Leistung und Macherqualitäten hervorheben
Argumentieren und widersprechen Sie sachlich

Tabelle 4: Typisches Kommunikationsverhalten des Distanztyps

Kommunikation mit einem Nähetyp: Nähetypen sorgen mit ihrer verbindlichen, verständnisvollen Art für ein gutes Betriebsklima. Durch den Fokus auf die Harmonie wird aber oft das Ziel aus den Augen verloren, weswegen sie häufiger wieder »auf Kurs« gebracht werden müssen. In Gesprächen geht es vor allem um das »Wie«, da sie konkrete Anweisungen brauchen, wie etwas erledigt werden oder ablaufen soll.

Typisches Kommunikationsverhalten
Bevorzugt eine lange und intensive Kontaktphase
Trifft langsam, eher zögernd Entscheidungen
Dekoriert seinen Arbeitsplatz mit persönlichen Dingen
Ist ein ausgezeichneter Zuhörer
Spricht über Emotionen
Hört bevorzugt mit dem Beziehungs- und Selbstkundgabeohr
Hat ein Gespür für atmosphärische Störungen
Interessiert sich für die Belange anderer
Wartet geduldig, bis andere fertig erzählt haben

So passen Sie Ihre Kommunikation an
Achten Sie auf einen guten Rapport
Nehmen Sie sich Zeit für Small Talk
Stellen Sie persönliche Fragen
Sorgen Sie für eine vertrauensvolle Atmosphäre
Fragen Sie nach, wie es ihm geht
Halten Sie Getränke und etwas zum Knabbern bereit
Zeigen Sie sich verständnisvoll
Bieten Sie persönliche Hilfestellung an
Lassen Sie nicht viel Zeit ohne persönlichen Kontakt verstreichen

Tabelle 5: Typisches Kommunikationsverhalten des Nähetyps

Kommunikation mit einem Wechseltyp: Vertreter dieses Grundtyps sind weniger an Details interessiert als an der sozialen Dynamik der Kommunikation. Für einen Wechseltyp kommt es vor allem auf die Zusammenhänge an. Er mag es nicht, wenn man ihm sagt, was er zu tun hat oder wie er etwas tun soll. Wichtiger als das »Was« ist für ihn ohnehin, »wer« die Beteiligten sind, da der Austausch einen bedeutenden Aspekt für ihn darstellt. Der Wechseltyp reagiert besonders auf visuelle, mündliche und die nonverbale Kommunikation. Am besten erreicht man ihn mit einer begeisternden, leidenschaftlichen Ansprache.

Typisches Kommunikationsverhalten
Erzählt gerne und viel
Spricht viel von sich selbst
Ist eloquent und wortgewandt
Kann bei (fast) allen Themen mitsprechen
Schweift häufig vom Thema ab
Legt sich ungern fest
Verschiebt oft seine Aufgaben und Deadlines
Wirkt immer etwas überzogen in seinen Ausführungen
Springt in den Themen

So passen Sie Ihre Kommunikation an
Kommunizieren Sie wenn möglich mündlich
Sprechen Sie lebendig und in Bildern
Binden Sie Mimik und Körpersprache bei Ihrer Kommunikation mit ein
Zeigen Sie sich in Ihren Antworten und Reaktionen spontan und kreativ
Seien Sie ein guter Zuhörer
Machen Sie die Aufgaben interessant
Geben Sie viel Input, ohne bereits Wege und Lösungen vorzugeben
Stellen Sie viele offene und motivierende Fragen
Bleiben Sie konsequent

Tabelle 6: Typisches Kommunikationsverhalten des Wechseltyps

Kommunikation mit einem Dauertyp: Ähnlich wie der Distanzler bevorzug der Dauertyp die Sachlichkeit, ist dabei jedoch wesentlich ausführlicher, da er gerne ins Detail geht. Er kann sich stundenlang mit einer Sache beschäftigen, um den Dingen auf den Grund zu gehen. Seine Lieblingsfrage lautet daher: Warum? Wegen seines Anspruchs an Perfektion kann er mit Kritik nur schwer umgehen. Auch bei Konflikten zieht er sich eher zurück. Bei Gesprächen und Meetings braucht er eine Agenda, um die Struktur nachvollziehen zu können. Diese hat er gerne ausgedruckt vor sich liegen – nicht zuletzt, um zu überprüfen, ob sie eingehalten wurde.

Typisches Kommunikationsverhalten
Fragt nach spezifischen Details
Spricht wenig, leise und ohne Aufregung in der Stimme
Ist insgesamt langsamer in Sprache, Bewegung und Entscheidungsfindung
Vermeidet persönliche Angelegenheiten
Denkt und äußert sich kritisch
Will recht haben
Ist logisch, rational und objektiv
Arbeitet lieber allein, gründlich und genau
Duldet keinen Widerspruch und ist schwer zu überzeugen

So passen Sie Ihre Kommunikation an
Kommunizieren Sie möglichst schriftlich
Stellen Sie sich auf Rückfragen, Nachfragen oder Bestätigungen ein
Nutzen Sie detaillierte und logische Argumente
Liefern Sie konkrete Daten und Beweise
Zeigen Sie sich gut organisiert
Achten Sie auf Form und Formalitäten
Drängen Sie nicht zu stark auf sofortige Handlung oder Veränderung
Überzeugen Sie mit logischen Argumenten
Lassen Sie Ihrem Gegenüber Zeit zum Analysieren und Verarbeiten von Daten

Tabelle 7: Typisches Kommunikationsverhalten des Dauertyps

7.3.2 Schubladendenken vermeiden

Sie haben mit dem Riemann-Thomann-Modell eine »Spezialbrille« erhalten, mit der Sie vermutlich nicht nur Ihr Team betrachten, sondern Ihr gesamtes Umfeld. Mit dem Modell im Kopf werden sich Verhaltensweisen den entsprechenden Grundtypen zuordnen lassen. Sobald Ihnen der Gedanke kommt: »Alles klar! Hier habe ich es wohl mit einem Distanztyp zu tun« oder »Das ist ganz eindeutig der Nähemensch!«, erinnern Sie sich einfach daran, dass Sie in diesem Moment nur einen Teilaspekt desjenigen betrachten. Angenommen, Sie wollen einen neuen Buchhalter einstellen. Sie denken, der muss wegen der Gewissenhaftigkeit ein Dauertyp sein. Also entscheiden Sie sich für jemanden, von dem Sie den Eindruck haben, dass er zuverlässig, sorgfältig und gewissenhaft ist. Nach einiger Zeit stellt sich aber heraus, dass er zwar über all diese Eigenschaften verfügt, ihn aber Routinearbeiten und das ganze Klein-Klein anstrengen. Dann haben Sie womöglich die falsche Entscheidung getroffen. Machen Sie sich bewusst, dass es noch viele andere Aspekte zu berücksichtigen gibt. Wer seine Mitmenschen nur durch diese eine Spezialbrille betrachtet, ist in seiner Wahrnehmung eingeschränkt und damit auch in seiner Bewertung.

Gefährlich wird es auch, wenn Sie jemandem zu schnell ein Etikett auf die Stirn drücken, da es sich nur schwer wieder entfernen lässt. Möglicherweise reicht Ihnen künftig nur ein kurzer Blick dorthin und Sie behandeln ihn entsprechend, ungeachtet der Tatsache, dass die »Eingruppierung« aus einer einzigen Situation resultierte. In dem Fall müssen Sie sich nicht wundern, wenn der Betroffene auch nur ein eingeschränktes Verhaltensrepertoire zeigt. Die Richtung Ihrer Gedanken bestimmt den Ablauf. Wenn Sie ein bestimmtes Bild von jemandem haben, werden Sie ihn auf eine bestimmte Art behandeln. Dieser wird dann entsprechend reagieren, was wiederum Ihre Annahmen über ihn bestätigen. Menschen antworten auf Zuschreibungen meist mit Anpassung. Einige rebellieren, was unweigerlich zu Konflikten führt. So oder so wirkt sich eine vorschnelle Bewertung nie positiv aus. Um die Vorteile von Persönlichkeitsmodellen ohne die lästigen Nebenwirkungen zu nutzen, sollten Sie sich deshalb stets den Modellcharakter bewusst machen, Ihre Zuweisungen und Annahmen überprüfen und unterschiedliche Modelle nutzen. Wenn Sie mehrere Brillen parat haben, können Sie ausprobieren, welche Ihnen gerade die nützlichsten Informationen liefert. Manchmal sehe ich durch die Brille der Transaktionsanalyse – eine von vielen weiteren psychologische Theorien der menschlichen Persönlichkeitsstruktur. Dann erkenne ich eine typische Eltern-Ich-Kind-Ich-Interaktion und kann an dem Ich-Zustands-Modell wunderbar aufzeigen, was gerade bei einem oder zwischen zwei Menschen abläuft. In anderen Fällen nützt mir das Modell recht wenig und es ist hilfreicher, die unterschiedlichen Werte aufzuzeigen, die aufeinanderprallen.

Das wirksamste Mittel gegen ein eingeschränktes Sichtfeld habe ich mir für den Schluss aufgehoben: Legen Sie alle Spezialbrillen öfter mal beiseite und üben Sie sich wieder in Achtsamkeit. Nur durch bewusstes Wahrnehmen erkennen Sie Facetten, die in keines der Modelle passen. Es wäre schade um die Potenziale Ihrer Mitarbeiter, wenn diese unentdeckt blieben, nur weil Sie keine Schublade dafür haben.

Fazit: Ohne den Anspruch zu haben, einen Menschen zu 100 Prozent zu erfassen, bieten Ihnen Persönlichkeitsmodelle nachvollziehbare Aussagen über Charaktereigenschaften, Werte und Lebensmotive. Sie helfen im beruflichen Alltag bei der Einschätzung von Mitarbeitern, sodass das eigene Handeln daran ausgerichtet werden kann. Wichtig ist, solche Typologien nicht als »Wahrheit« zu verstehen, sondern lediglich als nützliche Orientierungshilfe.

7.4 Motiv und Motivation

Jedem Handeln liegt ein Motiv zugrunde. Niemand handelt ohne Grund. Nur manchmal sind diese Gründe weder einem selbst bewusst noch für andere direkt erkennbar. Nichtsdestotrotz sind Motive als wesentliche Konstrukte zur Erklärung menschlichen Verhaltens anerkannt. Während Persönlichkeitsmodelle eine Antwort auf die Frage geben, warum sich verschiedene Menschen in ähnlichen Situationen unterschiedlich verhalten, verraten Motive etwas darüber, warum sich ein und derselbe Mensch in verschiedenen Situationen ähnlich verhält.

Die klassische Motivationspsychologie unterscheidet zwischen Motiv und Motivation. Während ein Motiv als eine überdauernde Eigenschaft einer Person definiert wird und diese charakterisieren, wird Motivation als der Zustand zu einem bestimmten Zeitpunkt in einer bestimmten Situation bezeichnet. Der Unterschied zur Motivation liegt darin, dass das Motiv die Richtung vorgibt, nach der sich das Verhalten ausrichtet. Ob sich Motive im Verhalten ausdrücken, hängt davon ab, inwiefern ein Motiv durch situative Anreize oder innere Vorstellungen angeregt wird, die Situation Gelegenheit zur Verfolgung motivspezifischer Ziele bietet und ob das Motiv bereits kurz zuvor befriedigt wurde. Wie sich Motive im Verhalten ausdrücken, hängt davon ab, welche Handlungen im Verhaltensrepertoire der Person sind und als geeignet erachtet werden, um Ziele zu erreichen.

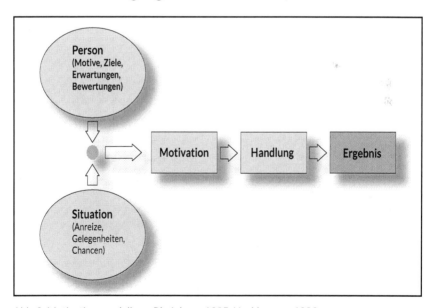

Abb. 8: Motivationsmodell von Rheinberg, 1995; Heckhausen, 1989

Treffen Motiv und situative Anregungsgehalte (Anreize) passgenau zusammen, resultiert hieraus eine aktuelle Motivation, die – neben einer Vielzahl weiterer Faktoren wie zum Beispiel Erfahrungen, Erwartungen, Sättigungsgrad oder andere physiologische Prozesse – das Verhalten beeinflusst. Einfach gesagt: Ergibt sich eine gute Gelegenheit, mein Bedürfnis befriedigen zu können, bin ich hoch motiviert, alles dafür zu tun, um dies zu erreichen. Als ich vergangene Woche vom Sport zurück nach Hause kam, hatte ich einen Riesenhunger. Nach einem Blick in den leeren Kühlschrank machte ich mich auf den Weg zum nahe gelegenen Supermarkt, um ein paar Lebensmittel einzukaufen. Leider musste ich feststellen, dass dieser Supermarkt bereits geschlossen hatte. Also lief ich zwei Kilometer bis in die Stadt, wo die Geschäfte noch bis 22 Uhr offen haben. Die Vorstellung, mit knurrendem Magen ins Bett gehen zu müssen, war unangenehm genug, um mich dazu zu bewegen, einen längeren Fußmarsch auf mich zu nehmen. Neben den physiologischen Bedürfnissen wie Hunger, Durst und Schlaf gibt es auch noch soziale Motive, die uns dazu bringen, große Anstrengungen zu unternehmen, um sie zu bedienen.

7.4.1 Leistung, Macht und Anschluss

Menschen handeln, um recht zu behalten, um anerkannt zu werden, um Zeit oder Geld zu sparen. Oft ist auch eine Mischung verschiedener Motive für unser Handeln verantwortlich. Im Laufe der historischen Entwicklung der Motivationsforschung wurden bis zu 14.046 unterschiedliche Motive benannt und eine Vielzahl von Klassifikationen aufgestellt (Heckhausen, 1989). Da an dieser Stelle nicht alle darstellbar sind, begrenze ich mich auf die »Big Three« der sozialen Basismotive:

1. Das Leistungsmotiv

Menschen mit einem hohen Leistungsmotiv sind bestrebt, eine Sache besonders gut zu machen, etwas Anspruchsvolles zu schaffen, um stolz auf das Geschaffte und die eigene Kompetenz sein zu können. Das Verhalten ist auf das Erreichen von Gütestandards ausgerichtet. Oft geht es auch darum, sich selbst zu übertreffen. Der Anreiz liegt im Erzielen von positiven Emotionen wie Stolz und Zufriedenheit, die aus der erfolgreichen Bewältigung einer Tätigkeit gezogen werden, beispielsweise wenn ein Mitarbeiter große Anstrengungen unternimmt, um eine Aufgabe perfekt meistern zu können, und nicht, weil ihm eine Belohnung winkt.

Das Leistungsmotiv teilt sich in zwei Komponenten: Hoffnung auf Erfolg und Furcht vor Misserfolg. Die jeweilige Erwartungshaltung beeinflusst das Verhalten. Während Erfolgsmotivierte eher mittelschwere Aufgaben bevorzugen, tendieren Misserfolgsmotivierte zu leichten oder schweren, fast nicht zu bewältigenden Aufgaben. Letzteres, um sich in ihren Erwartungen bestätigt zu sehen.

Beispiel: Finanzbuchhalterin Helga überprüft noch einmal alle Ergebnisse. Schlussendlich ist sie sich sicher: Die monatelange Schufterei hat sich gelohnt – endlich hat sie den Fehler gefunden, weswegen die Abrechnungen nicht stimmten. Dazu musste sie alle Kontoauszüge der vergangenen zwei Jahre durchforsten. Die vielen Überstunden und Entbehrungen verlieren jetzt an Bedeutung. Wichtig ist nur, dass sie es geschafft hat, und sie ist entsprechend stolz auf das Resultat. Ihr Kollege Johannes ist da ganz anders geartet. Nicht, dass er faul wäre, aber er sucht sich lieber die leichteren Aufgaben heraus, um überhaupt mal zu einem Erfolgserlebnis zu kommen. Komplexe Berechnungen wie Jahresabschlüsse oder Inventuren überlässt er Helga. Seine Angst zu versagen ist zu groß.

2. Das Machtmotiv

Jedes Interagieren mit der Umwelt, um diese nach den eigenen Wünschen und Vorstellungen zu gestalten, stellt eine Machthandlung dar. Menschen mit diesem Motiv wollen auf andere

Einfluss nehmen und sich dadurch stark und bedeutsam fühlen. Es gibt verschiedene Quellen, aus denen das Gefühl der Macht gezogen werden kann. Ein Beispiel dafür ist die Expertenmacht, bei der sich ein Mitarbeiter seinen Kollegen überlegen fühlt, weil die auf sein Know-how angewiesen sind. Während die einen glauben, andere beeinflussen zu können, zweifeln andere daran, sich durchsetzen zu können.

Beispiel: Peter verspürt ein Grollen im Bauch. Er hatte nicht damit gerechnet, dass der neue Chef seine gut überlegte Strategie für den Verkauf der Fahrtreppen abschmettern würde. Das ist umso ärgerlicher, als Peter einigen Kunden gegenüber schon Zusagen gemacht hat. Jetzt würde er zurückrudern müssen. Früher wäre so etwas nicht passiert. Sein alter Vorgesetzter hatte ihm stets freie Hand gelassen. Schließlich ist Peter der Spezialist mit der größten Erfahrung im Team. Jetzt hat er das Gefühl, er müsse für jeden Schritt Rechenschaft ablegen. Peter schaltet auf stur und rückt nur noch mit den nötigsten Informationen heraus, und auch nur dann, wenn er explizit danach gefragt wird. Der »Neue« wird schon irgendwann begreifen, dass er so nicht mit ihm umspringen kann!

Sein Chef bekommt zwar genau mit, wie unkooperativ sich Peter verhält, und müsste eigentlich ein Machtwort sprechen. Er ist sich aber nicht sicher, ob er sich gegen diesen gestandenen Mitarbeiter durchsetzen kann. Bereits auf seiner alten Stelle hatte er Durchsetzungsprobleme. Vielleicht sollte er noch einmal Peters Verkaufsplan überdenken.

3. Das Anschlussmotiv

Zurückzuführen ist das Bedürfnis nach sozialen Kontakten auf die Evolution, als zwischenmenschliche Kontakte für uns für die Selbst- und Arterhaltung von existenzieller Bedeutung waren, zum Beispiel bei der Nahrungsbeschaffung oder zum Schutz vor Feinden. Auch wenn wir in einer Zeit leben, in der in unserem Land weder Krieg noch Hungersnot herrschen, hat sich an diesem Verlangen bis heute nichts geändert. Deshalb zeigen sich Mitarbeiter mit einem Anschlussmotiv ihrem Umfeld gegenüber aufmerksam und sensibel, streben nach Harmonie und vermeiden oder schlichten Konflikte. Sie gehen zu einer Veranstaltung mit dem Ziel, dort bestehende Kontakte zu pflegen oder neue zu knüpfen. Ihre positive Zuwendung wirkt ansteckend und führt häufig zu einer Atmosphäre, die der Erfüllung des Motivs förderlich ist. Achtung: Auf der anderen Seite kann die Furcht vor Zurückweisung dazu führen, dass sich derjenige unwohl und unbeholfen fühlt, wenn er sozialen Situationen ausgesetzt ist.

Beispiel: Katrin ist neu in der Abteilung. In der Mittagspause schließt sie sich sofort ihren Kollegen an und geht mit ihnen zum Essen in die Kantine. Dort nutzt sie die Gelegenheit, den ein oder anderen in ein Gespräch zu verwickeln, um ihn näher kennenzulernen. Ihr Wunsch ist es, sich so schnell wie möglich ins Team zu integrieren.

Manfred, der am selben Tag wie Katrin bei der Firma angefangen hat, ist ganz froh, dass er nicht gleich dem gesamten Team ausgesetzt ist. Generell ist er nicht so der Typ, der auf andere zugeht. Auch wenn er bisher keine negativen Erfahrungen gemacht hat, denkt er doch, mit seiner ruhigen Art bei vielen nicht gut anzukommen.

Je mehr Sie darüber wissen, was Ihre Mitarbeiter motiviert, desto mehr Einfluss können Sie auf deren Verhalten nehmen. Das Ansprechen der inneren Antriebsfaktoren setzt allerdings ein Vertrauensverhältnis voraus, da der Mitarbeiter Persönliches über sich offenbart. Signalisieren Sie ihm, dass Ihnen das bewusst ist. Dazu gehört auch die Bereitschaft, die aufgedeckten Bedürfnisse zu respektieren, ohne darüber zu urteilen. Dieses Handeln bedeutet aber nicht, dass Ihre eigenen Ziele und Aufgaben den Bedürfnissen des Teammitglieds unterzuordnen sind. Es bedeutet lediglich, dass Sie sich auch für dessen Bedürfnisse interessieren und diesen Raum geben. So kann es durchaus passieren, dass seinem Wunsch trotz allem Verständnis Ihrerseits nicht entsprochen werden kann.

Nun mag es Situationen geben, in denen sich Ihnen der Grund für das Verhalten eines Mitarbeiters nicht offenbart. In diesem Fall konzentrieren Sie sich einfach auf die Ziele seines Handelns. Die verborgene Absicht lässt sich oft aus der sichtbaren Wirkung erschließen. Das heißt: Fragen Sie sich nicht, warum er so handelt, sondern wohin sein Handeln führt. Menschliches Handeln ist organisiertes Verhalten und Erleben. Wahrnehmungen, Gedanken, Emotionen, Fertigkeiten und Aktivitäten werden in koordinierter Weise eingesetzt, um lohnenswerte Ziele zu erreichen. Im Grunde braucht man nur zu beobachten, was passiert. Denn eine simple Faustregel lautet: Die erzielte Wirkung ist in der Regel auch die beabsichtigte.In der Praxis erweist sich die finale Erklärung (finis = Ende, Ziel, Zweck) – im Vergleich zu der zuvor beschriebenen kausalen Erklärung (causa = Grund, Ursache) – oftmals sogar als ergiebiger, da sie die schlüssigeren Begründungen liefert.
Lassen Sie mich das an einem Beispiel aus meiner Kindheit verdeutlichen: Im Alter von fünf Jahren lernte ich Kartoffel schälen. Nicht etwa weil ich musste, sondern weil ich es wollte. Es gibt Fotos, auf denen ich stolz mit dem Schälmesser in der kleinen Kinderhand vor einem großen, mit Wasser gefüllten Topf posierte. Wenn ich damals geahnt hätte, was für eine langweilige, fade Angelegenheit das auf Dauer ist, hätte ich sicherlich weniger begeistert in die Kamera geblickt.

Meine zwei Jahre jüngere Schwester war da klüger. Als sie alt genug war, um in der Küche mitzuhelfen, stellte sie sich derart geschickt ungeschickt an, dass man es kaum mit ansehen konnte. Beim ersten Versuch landeten mehr Kartoffeln auf dem Fußboden als im Topf. Beim nächsten Mal rutschte sie mit dem Schälmesser ab und zog sich eine kleine Wunde zu. Es blutete nicht einmal, aber sie schrie so laut, dass man meinen konnte, sie hätte sich einen Finger abgeschnitten. Nachdem sich dieses Szenario einige Tage später wiederholte, wurde sie von meiner Mutter aus der Küche verbannt. Damit war das Thema Kartoffeln schälen für das »Nesthäkchen« der Familie ein für alle Mal durch. Im Gegensatz zu mir, die diese lästige Pflicht bis zum Auszug nicht mehr loswurde. Zu ergründen, warum meine Schwester diese banale Tätigkeit nicht hinbekam, führt sicherlich zu keinem befriedigenden Ergebnis. Viel aufschlussreicher erscheint die Frage, wozu diese Unbeholfenheit führte. Es war sehr offensichtlich, dass sie sich am Kartoffelschälen vorbeidrücken wollte – was ihr letztendlich auch gelang. Man könnte es auch gezieltes Versagen als Erfolgsstrategie nennen. Fairerweise sollte erwähnt werden: Dass ein Verhalten zielgerichtet ist, heißt nicht zwangsläufig, dass dieses Verhalten auch immer bewusst geplant und mit strategischem Kalkül eingesetzt wird.

Apropos Kalkül: Der empathische Führungsstil zielt nicht allein auf die Mitarbeiterzufriedenheit, sondern vor allem auch auf eine Leistungssteigerung. Motivierte Mitarbeiter zeigen nachweislich mehr Leistung. Mit diesem Mehr an Leistung kann der moderne Topmanager, der heute allzu oft auch als Krisenmanager fungieren muss, gleichzeitig den Umsatz erhöhen – ein in Zeiten von sich global stetig verändernden Märkten entscheidender Wettbewerbsvorteil. Deshalb gibt es noch ein paar Anregungen, wie die Leistungsbereitschaft von Mitarbeitern entsprechend ihrer jeweiligen Grundmotivation gesteigert werden kann:

Mitarbeiter mit einem Leistungsmotiv strengen sich besonders bei sozialen Vergleichen an. Deshalb: Lassen Sie Wettbewerb zu! Spannende Aufgaben mit Komplexität wecken zusätzlichen Ehrgeiz, den sie ohnehin schon in sich tragen. Schaffen Sie Erfolgsanreize bzw. erhöhen Sie die Erfolgswahrscheinlichkeit, um die Furcht vor Misserfolg zu minimieren. Insbesondere bei weniger selbstbewussten Mitarbeitern sollte darauf geachtet werden, dass die Aufgaben auch den tatsächlichen Fähigkeiten entsprechen, weil er sich nansonsten überhaupt nichts mehr zutraut.

Mitarbeiter mit einem Machtmotiv lernen und arbeiten besonders gut durch Autonomie. Lassen Sie Ihren Mitarbeiter weitestgehend selbstständig arbeiten. Geben Sie ihm eine Position, in der er auch etwas zu sagen hat, vielleicht ein Budget, über das er entscheiden kann. Handeln Sie mit ihm seine Entwicklungsziele aus. Damit fühlt er sich selbstbestimmt und auf Augenhöhe. Passen Sie nur auf, dass er Ihnen das Zepter nicht aus der Hand reißt!

Mitarbeiter mit einem Anschlussmotiv funktionieren am besten über die soziale Einbindung. Für sie ist nicht so entscheidend, was das Team macht. Entscheidend ist, wie die Teammitglieder dabei miteinander umgehen und dass sie selbst Bestandteil des Teams sind. Geben Sie diesen Mitarbeitern also das Gefühl der Zugehörigkeit. Sorgen Sie für ein gutes Betriebsklima und unternehmen sie etwas gemeinsam. Wenn Sie zusätzlich regelmäßig Rücksprache halten und sich in Einzelgesprächen erkundigen, wie gut die Arbeit mit den Kollegen läuft, wächst dieser Mitarbeiter über sich hinaus.

Fazit: Wer seine Mitarbeiter nicht nur verstehen, sondern Leistungsbereitschaft, Mitdenken und Eigenverantwortung fördern möchte, sollte verstehen, wie Menschen grundsätzlich funktionieren und wie man sie erreichen kann. Deshalb sollten Führungskräfte sich darum bemühen, die Bedürfnisse der Mitarbeiter zu klären und diesem Bemühen in der gemeinsamen Kommunikation einen angemessenen Platz einzuräumen. Das bedeutet nicht, dass jedem Bedürfnis entsprochen wird, insbesondere wenn eigene Ziele und Aufgaben diesen widersprechen.

7.5 Perspektivenwechsel

Wir gehen wie selbstverständlich davon aus, dass unsere Sicht der Dinge die einzig richtige ist – zumindest richtiger als die anderer. Dabei hängt das, was und wie wir etwas wahrnehmen, ganz entscheidend von unserer Sozialisation und unserer individuellen Biografie ab. Auch was wir hören und wie wir es verstehen, hängt davon ab, welche Erfahrungen wir gemacht haben, welche Erwartungen wir hegen, was wir befürchten oder erhoffen. Jeder befindet sich auf seiner kleinen Insel, von der aus er die Welt betrachtet. Wie unterschiedlich die Realität verstanden werden kann, je nachdem auf welcher »Insel« er (fest-)sitzt, zeigt folgendes Gleichnis:

Es waren einmal fünf weise Gelehrte. Sie alle waren blind. Diese Gelehrten wurden von ihrem König auf eine Reise geschickt und sollten herausfinden, was ein Elefant ist. Und so machten sich die Blinden auf die Reise nach Indien. Dort wurden sie von Helfern zu einem Elefanten geführt. Die fünf Gelehrten standen nun um das Tier herum und versuchten, sich durch Ertasten ein Bild von dem Elefanten zu machen.

Als sie zurück zu ihrem König kamen, sollten sie ihm nun über den Elefanten berichten. Der erste Weise hatte am Kopf des Tieres gestanden und den Rüssel des Elefanten betastet. Er sprach: »Ein Elefant ist wie ein langer Arm.« Der zweite Gelehrte hatte das Ohr des Elefanten ertastet und sprach: »Nein, ein Elefant ist vielmehr wie ein großer Fächer.« Der dritte Gelehrte sprach: »Aber nein, ein Elefant ist wie eine dicke Säule.« Er hatte ein Bein des Elefanten berührt. Der vierte Weise sagte: »Also ich finde, ein Elefant ist wie eine kleine Strippe mit ein paar Haaren am Ende«, denn er hatte nur den Schwanz des Elefanten ertastet. Und der fünfte Weise berichtete seinem König: »Also ich sage, ein Elefant ist wie eine riesige Masse, mit Rundungen und ein paar Borsten darauf.« Dieser Gelehrte hatte den Rumpf des Tieres berührt.

Nach diesen widersprüchlichen Äußerungen fürchteten die Gelehrten den Zorn des Königs, konnten sie sich doch nicht darauf einigen, was ein Elefant wirklich ist. Doch der König lächelte weise: »Ich danke euch, denn ich weiß nun, was ein Elefant ist: Ein

Elefant ist ein Tier mit einem Rüssel, der wie ein langer Arm ist, mit Ohren, die wie Fächer sind, mit Beinen, die wie starke Säulen sind, mit einem Schwanz, der einer kleinen Strippe mit ein paar Haaren daran gleicht, und mit einem Rumpf, der wie eine große Masse mit Rundungen und ein paar Borsten ist.« Die Gelehrten senkten beschämt ihren Kopf, nachdem sie erkannten, dass jeder von ihnen nur einen Teil des Elefanten ertastet hatte und sie sich zu schnell damit zufriedengegeben hatten.

Die fünf Männer wären gut beraten gewesen, neben ihrer Ich-Position auch noch die Metaposition einzunehmen. Aus einem gewissen Abstand heraus lässt sich das große Ganze besser überblicken. Wir erkennen Zusammenhänge und erfahren, dass die Welt um uns herum aus anderen Blickwinkeln anders aussieht. Aus der Du-Position heraus beginnen wir zu verstehen, was der andere sieht und warum er so denkt, fühlt und handelt. Trotzdem werde ich immer wieder von Führungskräften gefragt: »Warum soll ich mich in meine Mitarbeiter hineindenken? Ich will mir selbst ein Bild machen.« Dazu lässt sich nur sagen: Der Perspektivenwechsel hat nicht die völlige Ausblendung der eigenen Sichtweise zur Grundlage, sondern es kommt eine weitere, ergänzende hinzu. Ohne die eigene Seite zu verlieren, sehen und erleben Sie die ebenso authentische andere Seite. Allerdings setzt dies die Bereitschaft voraus, dazuzulernen und gegebenenfalls den eigenen Standpunkt zu überdenken, sollte der sich als falsch erweisen.

Wie alles andere lässt sich auch der Perspektivenwechsel üben. Die meisten Übungen basieren auf dem ganz natürlichen Vorstellungsvermögen und benötigen keinerlei Vorkenntnisse, nur etwas Konzentration:

Gehen Sie die Optionen durch

Gerade wenn wir uns über andere ärgern, sind wir schnell dabei, jemanden zu verurteilen. Dann schimpfen wir über den

»faulen« Paketboten, der das Päckchen einfach wieder mitgenommen hat, anstatt es beim Nachbarn abzugeben. Aber vielleicht hat er den Zettel am Briefkasten übersehen. Vielleicht war der Nachbar gar nicht zu Hause. Oder er stand so unter Zeitdruck, dass er nicht noch die drei Stockwerke hinauflaufen konnte. Diese und viele weitere mögliche Gründe können dazu geführt haben, dass Ihr Paket nicht wie gewünscht beim Nachbarn gelandet ist. Natürlich können Sie nie genau wissen, was los w. Aber achten Sie mal darauf, was mit Ihrem Ärger passiert, wenn Sie gedanklich die verschiedenen Optionen durchgehen. In den allermeisten Fällen verfliegt der Ärger, was nicht nur gut fürs (Betriebs-)Klima, sondern auch für die eigene Gesundheit ist: Fünf Minuten Wut schwächen das Immunsystem für bis zu sechs Stunden. Schon allein deswegen lohnt sich so ein Gedankenspiel.

Sammeln Sie neue Erfahrungen

Am liebsten umgeben wir uns mit Menschen, die ähnlich denken und fühlen wie wir. Das ist zwar völlig normal, schränkt aber die Gedanken ein. Je mehr unterschiedliche Menschen Sie hingegen kennenlernen und je mehr verschiedene Erfahrungen Sie machen, umso leichter wird es Ihnen fallen, andere Sichtweisen anzunehmen. Besuchen Sie ferne Länder und lernen Sie fremde Kulturen kennen. Lesen Sie Bücher oder schauen Sie sich Filme an, die Sie sonst weniger interessiert haben. Sie können auch ein neues Hobby ausprobieren.

Machen Sie Dinge bewusst anders

Festgefahrene Denkmuster führen dazu, dass Ihre Sicht auf die Dinge gleich bleibt. Brechen Sie solche Muster auf. Da kann es schon helfen, physisch einen anderen Standpunkt einzunehmen. Wie wäre es, wenn Sie sich mal an die gegenüberliegende Seite Ihres Schreibtischs setzen? Vielleicht machen Sie die Erfahrung, dass die Dinge, die drüben noch unüberwindbar schienen, bereits durch diesen kleinen Standortwechsel an Bedeutung verlieren. Veränderte Positionen regen veränderte Denkweisen an und bringen eine andere Dynamik in die Betrachtung.

Entdecken Sie neue Themen

Je mehr Sie sich für die Dinge interessieren, die Ihre Mitmenschen bewegen, desto leichter fällt es, sich in sie hineinzuversetzen. Unterhalten Sie sich auch mal über Themen, die bislang nicht in Ihrem Fokus standen. Fragen Sie Kollegen, Freunde und Bekannte nach ihren Ansichten über Kindererziehung, die aktuelle politische Lage oder Ernährung – weniger um zu diskutieren als vielmehr um zu erfahren, wie andere denken und fühlen. So erweitern Sie nicht nur den eigenen Horizont, sondern festigen auch die gemeinsame Beziehung.

Fragen Sie gezielt nach

Einer der besten und einfachsten Wege, um etwas über den Blickwinkel eines anderen Menschen zu erfahren, ist immer noch, gezielt danach zu fragen: »Was denkst du über ...?« und »Wie fühlst du dich bei ...?«. Auch wenn sich jemand anders verhält als gewünscht, können Sie sich seine Beweggründe erklären lassen. Manchmal steckt ein wichtiger Grund hinter dem Verhalten eines Menschen, oder das Thema war ihm nicht so wichtig. Informationen aus erster Hand helfen, die Perspektive eines anderen besser nachvollziehen zu können, weil Sie nicht mehr erahnen müssen, was er denkt, sondern es dann sicher wissen.

Fazit: Bedürfnisse, Werte und Denkweisen sind besonders beständig und verleiten dazu, die Dinge nur von der eigenen Warte aus zu betrachten. Durch den Perspektivenwechsel erhalten Sie nicht nur ein objektiveres Bild, sondern lernen andere Menschen besser kennen und können empathischer auf sie eingehen. Indem Sie neue Erfahrungen machen, werden Sie weltoffener und bauen Vorurteile ab. Und so ganz nebenbei werden Sie auch gelassener, weil Sie dann häufig feststellen, dass es gar nicht nötig ist, sich aufzuregen.

> *Handeln ist bewusstes, zielgerichtetes Verhalten.*

8. Handeln

Bisher haben wir Informationen gesammelt und ausgewertet, um uns ein Bild davon zu machen, wie Menschen funktionieren. Wirkung entsteht aber erst durch Handlung. 80 Prozent unserer Handlungen sind automatisiert und unbewusst. Die restlichen 20 Prozent sollten demnach optimal genutzt werden. Die regelmäßige Anwendung der vorgestellten Techniken mögen zwar Funktionalitäten und Automatismen ausmachen, müssen jedoch noch mit Leben gefüllt werden. Denn menschliches Handeln ist Verhalten und Erleben und begrenzt sich nicht auf die eigene geistige Aktivität in Form von Wahrnehmungen, Gedanken, Gefühlen und Vorstellungen.

Um Resonanz zu erzeugen, müssen Sie mit Ihrem Gegenüber in den Kontakt gehen und ihm die Gelegenheit geben, über sein Thema und seine Gefühle zu sprechen. Durch die verbale und nonverbale Kommunikation werden Verständnis, Rücksicht und Toleranz für ihn überhaupt erst spürbar. Genau darum geht es in diesem letzten Modul.

8.1 Verbindung aufbauen

Aktiv Kontakt zu seinem Umfeld aufzunehmen ist eine der wichtigsten sozialen Fähigkeiten. *»Kontaktfähigkeit als Persönlichkeitsmerkmal umreißt die soziale Kompetenz, zu bekannten sowie auch unbekannten Personen Kontakt aufzunehmen, Beziehungen aufzubauen und diese aufrechtzuerhalten.«* (Hossiep und Paschen, 2003) Wie Sie sich denken können, geht es in diesem Kapitel weder darum, Fremde anzusprechen, noch darum, ein Date klarzumachen. Die Gesprächspartner sind bekannt und Sie mit ihnen bereits in Kontakt.

Aber besteht auch eine vertrauensvolle und wertschätzende Beziehung? Nicht umsonst gehören Beziehungsprobleme zu den meistbehandelten Themen in Coachings mit Führungskräften: Konflikte mit Kollegen, ein schlechtes Verhältnis zum Vorgesetzten oder der Umgang mit schwierigen Mitarbeitern. Aber was bedeutet das eigentlich – schwierig? Macht der Mitarbeiter nicht das, was man ihm sagt? Bringt er keine Ergebnisse? Ist er demotiviert? Oder ist er nur schwer zugänglich? Liegt es an ihm oder vielleicht an der Art meiner Kommunikation? Denn machen wir uns nichts vor: Rational geprägte Manager sind in technischen Fragestellungen versiert und punkten in fachlichen Themen, tun aber so, als gäbe es neben der Sachebene nichts anderes. Um gemeinsam Fahrt in Richtung Höchstleistungen aufnehmen, reicht es nicht, den Mitarbeitern Arbeitsaufträge zu erteilen und die dafür nötigen Ressourcen bereitzustellen. Sie müssen ihr Team richtig zu nehmen wissen. Kenntnisse über persönliche Eigenheiten und Beweggründe von Mitarbeitern sind dabei schon hilfreich; um dieses Wissen aber auch wirksam einsetzen zu können, bedarf es einer guten Verbindung. Doch wie lässt sich eine gute Verbindung aufbauen? Mit diesen Punkten sorgen Sie schon mal für eine solide Basis:

Interesse und Aufmerksamkeit

Jeder Mensch will als Individuum wahrgenommen werden. Zeigen Sie aufrichtiges Interesse an der Person. Achten Sie auf Kleinigkeiten, die wiederum auf die Interessen des anderen schließen lassen, und stellen Sie bewusst auch einmal eine persönliche Frage. Vielleicht finden Sie Gemeinsamkeiten. Machen Sie sich im Anschluss an ein Gespräch ein paar Notizen über Dinge, die Sie erfahren haben. Zum Beispiel: ist verheiratet, hat zwei Kinder, fährt Ski und befindet sich mitten in der Bauphase. Sprechen Sie ihn bei nächster Gelegenheit auf einen dieser Punkte an. »War denn schon Richtfest?«, wäre eine logische Frage an den Häuslebauer.

Respekt und Wertschätzung

Wenn uns ein Mensch sympathisch ist, ist Wertschätzung relativ einfach. Was aber, wenn das Gegenteil der Fall ist? Egal, wie menschlich Sympathien und Antipathien sein mögen – jeder Mitarbeiter hat Respekt und Wertschätzung verdient. Zwingen Sie sich, mindestens einen positiven Aspekt an jedem einzelnen Mitarbeiter zu finden. Zum Beispiel: »Er ist zwar ein fauler Hund, jedoch sehr kompetent.« Oder: »Sie zeigt sich oft arrogant, unterstützt aber ihre Kollegen.« Trennen Sie grundsätzlich Mensch und Verhalten und konzentrieren Sie sich im Kontakt auf die Stärken einer Person.

Lob und Anerkennung

Anerkennung gehört mit zu den Grundbedürfnissen des Menschen. Sparen Sie nicht mit Lob. Erwähnen Sie, was Ihnen positiv aufgefallen ist. Um glaubhaft zu sein, sollten Sie stets eine Begründung liefern. Am besten verbinden Sie es noch mit einer konkreten Frage. Zum Beispiel: »Ihre Präsentation ist sehr gelungen. Sie ist durch die farbliche Gestaltung sehr übersichtlich. Wie sind Sie auf diese Gestaltungsidee gekommen?«

Zuverlässigkeit und Verbindlichkeit

Sorgen Sie für Kontinuität. Ein einziges persönliches Gespräch macht noch keine Beziehung. Es sind die regelmäßigen Kontakte und Zuwendungen, die für Nachhaltigkeit sorgen. Fügen Sie Ihren Mails einige verbindliche Formulierungen hinzu wie zum Beispiel: »Unser Gespräch hat mich inspiriert und ich würde mich mit Ihnen gerne über ... weiter austauschen.« Oder: »Viel Erfolg bei Ihrem Tennisturnier!« – schon fühlt sich Ihr Mitarbeiter wertgeschätzt. Überlegen Sie sich gezielt, mit welchen Themen Sie Ihren Gesprächspartner erreichen können. So bleiben Sie in positivem Kontakt.

Starten Sie gleich heute einen Versuch mit einem Kollegen oder Mitarbeiter: Unterhalten Sie sich nach einem fachlichen Gespräch noch gemeinsam über die verschiedensten Dinge. Ist der Einstieg geschafft, können Sie das Gespräch am Leben halten, indem Sie offene Fragen stellen. Erkundigen Sie sich nach Ideen, nach Meinungen, nach Plänen. Besonders ergiebig ist die Frage: »Wie sind Sie denn darauf gekommen ...?« Die meisten Menschen lieben es, ihre Geschichte zu erzählen. Ermuntert durch aktives Zuhören und eigene authentische Schilderungen, Gefühle der Freude oder Hoffnungen, springt der Funke leicht über. Vielleicht haben Sie auch einen Geheimtipp. Das weckt Neugier und schafft Loyalität. Entscheiden Sie selbst, welche persönlichen Ausschnitte Sie preisgeben und wo Ihre Privatsphäre unantastbar bleibt.

Auch körpersprachlich können Sie für Verbindung sorgen: Spiegeln Sie Ihr Gegenüber. Nehmen Sie dieselbe Sitzposition wie er ein. Wenn er seinen Oberkörper nach vorne neigt, bewegen Sie sich ebenfalls auf ihn zu. Wenn er etwas anschaut, folgen Sie seinem Blick. Nimmt er sein Glas in die Hand, greifen Sie auch nach Ihrem. Gleiches Verhalten fördert das Vertrauen untereinander und auch die Sympathie. Übertreiben Sie es nur nicht! Menschen reagieren irritiert oder sogar verärgert, wenn es den Anschein macht, als würden sie nachgeäfft. Hier gilt: Weniger ist mehr! Spiegeln Sie maximal drei Gesten in fünf Gesprächsminuten.

8.2 Eine gemeinsame Sprache sprechen

Nachdem für den Gesprächspartner spürbar ist, dass Sie sich um einen »persönlichen Draht« bemühen, sollten Ihre Botschaften so formuliert sein, dass sie auch ankommen. Oft werden Informationen aus der Sicht des Sprechenden kommuniziert anstatt aus der Sicht des Empfängers. Wenn Ihr Gesprächspartner Sie nicht versteht, so können Sie ihn auch nicht wirklich überzeugen. Dafür müssen Sie sich um eine gemeinsame Sprache bemühen. Das kann das wechselseitige Kennenlernen der Terminologie des jeweiligen

Fachgebiets bedeuten, ist hier aber eher im metaphorischen Sinne gemeint, es geht um ein Sichverständigen und eine gemeinsame Ebene der Kommunikation. Das gelingt umso besser, je mehr die eigene Kommunikation dem **Sprachmuster**, den bevorzugten **Kommunikationskanälen** und nicht zuletzt der **Persönlichkeit** der Gesprächspartner angepasst wird. So etwas nennt man: adressatengerechte Kommunikation.

1. Sprachmuster

Eines der wichtigsten Erfolgsrezepte für die Kommunikation liegt in dem Aufbau von Kommunikationsähnlichkeiten begründet. Intuitiv neigen wir dazu, jemanden als besonders einfühlsam und sympathisch zu empfinden, wenn wir auf einer »Wellenlänge« liegen. Das liegt am Dopamin, das im Gehirn freigesetzt wird, wenn wir uns in unserer Weltansicht bestätigt fühlen. Laut Sprechtrainerin Barbara Blagusz existieren etwa 60 Sprachfilter, die für unterschiedliche Bereiche und Anlässe relevant sind. Das beinhaltet sowohl Formulierungen und Sätze eines Menschen, die er immer wieder verwendet, als auch Sprechtempo, Sprachmelodie oder Dialekte. Wir reden schon automatisch mit den Kollegen anders als mit Freunden und differenzieren je nach Situation oder Thema.

Lautstärke und Sprechtempo sollten ebenso angepasst werden. Ein leise sprechender Mensch fühlt sich von der hohen Lautstärke des anderen sonst schnell angegriffen oder bedroht und reagiert mit Abwehr. Das laut sprechende Gegenüber hingegen empfindet die geringe Lautstärke seines Gesprächspartners als anstrengend. Seien Sie besonders aufmerksam, wenn sich die Lautstärke im Verlauf eines Gesprächs ändert. Das deutet auf einen Stimmungswechsel hin. Spricht Ihr Mitarbeiter zum Beispiel erst leise und wird plötzlich lauter, dann zeigt dies, dass ihm das Thema sehr wichtig ist oder er sich aufregt. Wird er hingegen leiser, denkt er möglicherweise gerade nach. Gehen Sie darauf ein und fragen Sie nach dem Grund für den Stimmungswechsel.

Die Sprechgeschwindigkeit sagt dagegen etwas über das Temperament aus. Ein Schnellsprecher ist oft auch ein Schnelldenker, während ein langsam sprechender Mensch meistens Zeit zur Verarbeitung des Gesagten benötigt. Deshalb kann es sein, dass sich ein Langsamsprecher vom Schnellsprecher überfordert oder zumindest gehetzt fühlt und infolgedessen einfach abschaltet. Dem Schnellsprecher geht es genau umgekehrt. Er fühlt sich durch das reduzierte Sprechtempo gelangweilt. Es geht ihm viel zu schleppend voran, er wird ungeduldig und auch hier sinkt letztendlich die Stimmung.

2. Kommunikationskanäle

Wenn Menschen über eine Sache oder ein gemeinsames Erlebnis sprechen, können ihre Berichte sehr unterschiedlich ausfallen. Das liegt daran, dass sie auf unterschiedlichen Kanälen wahrnehmen. Die in der Kommunikation relevanten Kanäle sind: Hören, Sehen und Fühlen. Dementsprechend gibt es visuelle, auditive und kinästhetische Kommunikationstypen. Indem Sie auf die jeweiligen Präferenzen eingehen, stellen Sie nicht nur Rapport her, sondern erleichtern es Ihren Mitarbeitern, Informationen aufzunehmen.

Visuelle Mitarbeiter denken und sprechen gerne in Bildern. Sie möchten sich »ein Bild machen« und etwas buchstäblich »sehen«, bevor sie sich entscheiden. Gerne fordern Sie schriftliche Unterlagen an oder vereinbaren einen Termin, um etwas persönlich »in Augenschein« zu nehmen. Hier punkten Sie mit Sätzen wie: »Ich sehe ihren Standpunkt«, »Der Weg führt steil bergauf« oder »Das ist nur die Spitze des Eisberges«. Nutzen Sie Bilder, Charts oder Diagramme als Visualisierungshilfe oder veranstalten Sie eine kleine Demonstration. Lassen Sie dem visuellen Mitarbeitertyp eine kurze Zusammenfassung der wichtigsten Themenpunkte oder Ergebnisse zukommen und ergänzen Sie diese gegebenenfalls durch optische Hervorhebungen oder Grafiken.

Den **auditiven Mitarbeiter** beeinflusst alles stark, was er hören kann – also die Stimme des Senders an sich und die jeweilige Wortwahl. Sie erkennen ihn daran, dass er aufmerksam Ihren Worten lauscht, denn er versteht am besten über das Zuhören. Hintergrundgeräusche empfindet er meist als störend, weil sie ihn vom Gespräch ablenken. Sprechen Sie akzentuiert und mit ausgeprägter Modulation in der Stimme und machen Sie während des Sprechens immer wieder Pausen. Achten Sie besonders auf die Gesprächsgeschwindigkeit Ihres Gesprächspartners und gleichen Sie Ihr Sprechtempo exakt an.

Der **kinästhetische Mitarbeiter** kommuniziert in erster Linie über seinen Tastsinn. Er muss erst etwas zu »fassen« bekommen, um es zu verstehen. Deshalb sollten die Botschaften über spezifische Berührungssignale transportiert und damit für ihn körperlich erlebbar werden. Für den Haptiker spielen neben dem Nähe-Distanz-Verhalten noch Gerüche sowie die emotionale Beziehung in der zwischenmenschlichen Interaktion eine wesentliche Rolle. Er fühlt sich am wohlsten, wenn Sie eine der Situation und der Beziehung angemessene Nähe zu ihm herstellen. Beschreiben Sie Ihr Projekt oder Produkt so detailliert (Material, Form, technische Merkmale, Leistung), dass möglichst viele seiner Sinne angesprochen werden. Zeigen Sie ihm Modelle und Muster, die er »be-fühlen« kann.

3. Persönlichkeit

Vor einigen Jahren befand ich mich auf der Suche nach neuen Büroräumlichkeiten. Monatelang hatte ich mich praktisch auf jede Anzeige gemeldet, aber nichts gefunden. Es war wirklich frustrierend. Kurz vor Weinachten tat sich erneut eine Chance auf. Das Inserat las sich sehr vielversprechend, sodass ich sofort zum Telefon griff. Tatsächlich erhielt ich einen Besichtigungstermin noch für denselben Tag. Leider auch zwei Dutzend anderer Interessenten, wie sich später herausstellte. Ein Mietobjekt in einem der beliebtesten Vororte von Düsseldorf, und das zu annehmbaren Konditionen, war schon vor Jahren eine Seltenheit.

Als ich pünktlich bei der angegebenen Adresse ankam, staute es sich bereits vor dem Fahrstuhl. Zu sechst quetschten wir uns in den Vier-Personen-Aufzug. In der obersten Etage angekommen, stießen wir auf weitere 20 Bewerber. Die nächsten zehn Minuten führte der Makler – ein rheinisches Urgestein mit deutlichem Dominanzgehabe – die aufgeregte Bewerberschar durch die Räumlichkeiten. Ich übertreibe nicht, wenn ich sage: Alle Interessenten (einschließlich meiner Person) hätten den Mietvertrag sofort blind unterschrieben. Jeder scharwenzelte um den Makler herum. Es war unmöglich, auch nur für eine Sekunde allein mit ihm zu sprechen. Während die anderen mit dem Ausfüllen des Selbstauskunftsbogens beschäftigt waren, bat ich darum, noch die Kellerräume gezeigt zu bekommen. Die Gelegenheit nutzte ich, um dem meine Unterlagen samt der Einkommensbescheide in die Hand zu drücken. Nebenbei erzählte ich ihm von meinem Besichtigungsmarathon der letzten Monate und der Misere, in der ich mich wegen der Kündigung der alten Büroräume befand. Das reichte, um seinen Retterinstinkt zu wecken. Schließlich meinte er: »*Mädche, dann lege isch ens a joodes Woot beim Vermieter en. Wann all jood läuf, krit m'r dat met däm Vertrach noch de Woche över de Bühne.*« (Übersetzt heißt das: Junge Frau, dann lege ich mal ein gutes Wort beim Vermieter ein. Wenn es gut läuft, geht das mit dem Vertrag noch diese Woche klar.) Woraufhin ich mit ungespielter Begeisterung erwiderte: »*Dat wör so wat von fantastisch!*« Zwei Tage später lag der Mietvertrag in meinem Briefkasten.

Ganz offensichtlich hatte ich bei der Einschätzung der vorherrschenden Persönlichkeitsanteile richtiggelegen und bei diesem »Alphatierchen« genau den richtigen Ton getroffen. Ich wusste: Distanz-Wechsel-Typen mögen es schnell und undogmatisch, lassen sich zu nichts drängen, retten aber gerne mal die Welt. Die Übernahme des rheinischen Dialekts (Sprachmuster) tat in diesem Fall ein Übriges. »Adressatengerecht« bedeutet demnach auch, die Persönlichkeit des anderen zu berücksichtigen und die eigene Kommunikation entsprechend anzupassen.

Ob Sie mit der Einschätzung Ihres Gesprächspartners rich-tigliegen, lässt sich an dessen Reaktion erkennen. Wenn bei-spielsweise auf Ihre Aussage: »Schön, dass Sie bei uns im Team sind; durch Ihre freundliche Art tragen Sie sehr zur angeneh-men Atmosphäre bei«, die Antwort kommt: »Danke, das freut mich sehr«, ist die Kontaktaufnahme gelungen. Lautet die Ant-wort hingegen: »Und was halten Sie von meiner Arbeit?«, zeigt die Person, dass dieser Anteil von ihr – zumindest im Moment – nicht bevorzugt wird.

Fazit: Um zielsicher zu kommunizieren und Gespräche empathisch und authentisch zu führen, müssen Führungskräfte den eigenen Standpunkt klar vermitteln und sich zugleich auf ihr Gegenüber einstellen können. Kommunikation braucht immer beide Seiten. Das gelingt am besten durch die Berücksichtigung der Persönlich-keitsstruktur sowie die Verwendung von ähnlichen Sprachmustern und Kommunikationskanälen. Die geplante Wirkung garantieren kann zwar niemand, allerdings lässt sich dadurch die Wahrschein-lichkeit erhöhen.

8.3 Gefühle ansprechen

Ich hatte Ihnen einen Empathiekurs ohne »Emotionsgedöns« ver-sprochen und dabei bleibt es auch. Im beruflichen Kontext ist das emotionale Mitschwingen ein schönes Add-on, aber kein Must-ha-ve. Das bedeutet nicht, dass die emotionale Komponente des Mit-arbeiters komplett ignoriert werden sollte. Sie lässt sich jedoch auf das Erkennen und Verbalisieren seiner Gefühle reduzieren. Das Verbalisieren von Fremdgefühlen gilt als die wirksamste Methode, um Empathie methodisch und praktisch zu realisieren. Meist geht es dabei um alltägliche Befindlichkeiten oder persönliche Eigen-heiten von Mitarbeitern. Seltener haben es Führungskräfte mit echten Schicksalsschlägen und Gefühlsausbrüchen zu tun. Wie Sie mit solchen Ausnahmesituationen professionell umgehen können, erfahren Sie im nachfolgenden Unterkapitel.

Unabhängig davon, wie ernst die (Gefühls-)Lage ist, gibt es Menschen, die sich erst öffnen und von sich erzählen, wenn sie auch etwas vom anderen gehört haben. Wer da als Führungskraft mit gutem Beispiel vorangeht und auch eigene Belange anspricht, hat es leichter, Vertrauen zu schaffen. So etwas wirkt wie ein Türöffner. Ein paar Worte darüber, wie Sie eine Situation oder ein Ereignis erlebt haben, genügen. Für den Fall, dass Sie Ihr Vokabular an Gefühlsausdrücken erweitern möchten, habe ich eine Liste mit entsprechenden Adjektiven erstellt. Diese befindet sich im Anhang des Buches. Versuchen Sie, sich Ausdrücke einzuprägen, die Ihren Gemütszustand möglichst genau beschreiben. Anstatt auf die Frage »Wie geht es dir?« mit einem lapidaren »Gut!« zu antworten – was nicht nur sehr einsilbig, sondern auch zu allgemein ist –, verwenden Sie konkretere Beschreibungen wie »aufgeregt«, »glücklich« oder »dankbar«. Für die miese Stimmung lassen sich ebenfalls spezifischere Begriffe als nur »schlecht« finden. Meine Empfehlung lautet: Arbeiten Sie zunächst nur mit wenigen Begriffen, um einen schnellen Trainingseffekt zu erzielen. Ihr Wortschatz lässt sich Schritt für Schritt erweitern. Und wenn Sie sich schon entscheiden, über eigene Befindlichkeiten zu reden, dann übernehmen Sie auch Verantwortung. Ich erlebe es immer wieder, dass Menschen von sich sprechen, als handelte es sich um einen Unbekannten. Statt »Ich bin enttäuscht« sagen sie »Man ist enttäuscht«. Durch das unpersönliche »man« distanzieren sie sich (unbewusst) von ihren Gefühlen. Wer »man« synonym für »ich« benutzt, versteckt sich hinter der Allgemeinheit. Dann kann »man« es sich auch ganz sparen.

Ganz bestimmt ist das Führen persönlicher Gespräche eine Kunst, doch keine, die man nicht erlernen könnte. Dabei kommt es weniger darauf an, das Gefühl zu 100 Prozent richtig wiederzugeben. Vielmehr wird es Ihr Gegenüber erfreut aufnehmen, dass Sie überhaupt auf das eingehen, was in ihm vorgeht. Im Zweifel wird der Betroffene das Gefühl genauer benennen und Sie korrigieren, wenn Sie mit Ihrer Aussage »Das ist dir jetzt wohl peinlich« völlig falsch liegen. Trotz der unzutreffenden Interpretation fühlt er sich gesehen und motiviert, das Gespräch weiterzuführen, indem er vielleicht antwortet: »Nein, peinlich ist mir das nicht. Ich bin eher überrascht.« Nur in den seltensten Fällen wird es Ihnen jemand wirklich übel nehmen, wenn Sie mit Ihrer Einschätzung nicht sofort richtig liegen. Wichtiger ist es, keine Wertung in die Worte zu legen, nach dem Motto »Immer bist du gleich frustriert, wenn etwas nicht klappt!« oder »Warum reagierst du so beleidigt, nur weil ich anderer Meinung bin?«.

Hier wird das Gefühl zwar auch angesprochen, der andere aber entweder Vorwürfen ausgesetzt oder aus einer vermeintlich höheren Position heraus geringschätzig betrachtet. So ausgedrückt dürfte die Situation einem ziemlich schnell um die Ohren fliegen.

Dabei lassen sich Menschen gerade durch diese einfache Intervention im Handumdrehen beruhigen. Die deeskalierende Wirkung steigt noch, wenn gleichzeitig Verständnis für die Empfindungen des anderen signalisiert wird. Das lässt sich besonders gut in Reklamationssituationen beobachten:

> Unternehmen sind prinzipiell verpflichtet, fehlerhafte Ware zurückzunehmen. Daneben besteht noch die Option der Kulanzregelung. Das weitere Kundenverhalten hängt jedoch nicht nur davon ab, ob der Kunde zu seinem Recht gekommen ist, sondern ob er zu dem Eindruck gelangt ist, mit seinem Anliegen ernst genommen zu werden. Denn professionelles Reklamationsmanagement zeigt sich darin, den Ärger des Kunden zu erkennen und anzusprechen.
>
> Auf diese Weise löst sich der Unmut des Kunden schneller auf und es kommt gar nicht erst zu einer Eskalation. Wird ihm auch noch Verständnis entgegengebracht, kann das Unternehmen einen unzufriedenen Kunden sogar in einen Fan verwandeln, der von diesem Positiverlebnis anderen Menschen erzählt – ein toller Werbeeffekt für einen simplen, aber glaubwürdig vorgebrachten Satz: »Ich kann mir gut vorstellen, wie frustrierend das für Sie ist. Bestimmt hatten Sie sich darauf gefreut, das Gerät endlich zu Hause ausprobieren zu können.«

Dieses Prinzip lässt sich auf die Gespräche mit Ihren Mitarbeiter übertragen. Wenn Sie sie auf die in deren Aussage mitschwingenden Gefühle ansprechen, wirken Sätze wie:

- Die Aufgabe ist Ihnen sicherlich nicht leicht gefallen.
- Der Abschied muss schmerzhaft für Sie gewesen sein.
- Das glaube ich gern, dass Sie sich völlig überrumpelt gefühlt haben.
- Jetzt sind Sie bestimmt vollkommen fertig mit den Nerven.
- Ihre Wut ist gut nachvollziehbar.
- Sie spüren einen großen Druck, es diesmal zu schaffen.
- Sie ärgern sich also über sich selbst am meisten.

Wie der Betroffene auf die Ansprache reagiert, kommt auf seine Grundstimmung an. Wir kennen das alle: Wenn wir ohnehin schon gereizt sind, muss eigentlich nur noch eine Kleinigkeit hinzukommen und wir explodieren. Sind wir hingegen ausgeglichen, können wir selbst in Krisensituation souverän agieren.

Entscheiden Sie situativ, wann Sie auf der sachlichen Ebene bleiben und wann es sinnvoll ist, die wahrgenommenen Emotionen bewusst mit einzubeziehen. Ganz sicher fällt es leichter, positive Gefühle wie die Freude über den Fortschritt eines Projektes oder Stolz für den erzielten Kundenabschluss anzusprechen. Das sind Gefühle, die selbst Personen zulassen können, die Emotionen normalerweise nur ungern äußern. Schwieriger wird es, wenn es ans Eingemachte geht. Mit diesem Leitfaden sollte es aber klappen:

Wählen Sie den richtigen Zeitpunkt

Wenn Hektik herrscht oder Sie selbst gerade etwas bedrückt, ist das nicht der richtige Zeitpunkt, um bei anderen Gefühle oder Sorgen anzusprechen. Eine entspannte und ruhige Atmosphäre ist dagegen eher für ein persönliches Gespräch geeignet.

Schildern Sie Ihre Beobachtungen

Beginnen Sie mit dem, was Sie an Verhaltensweisen oder Veränderungen wahrgenommen haben, und trauen Sie sich, Ihre Gedanken zu äußern. Ging diesem Gespräch ein Disput voraus oder haben Sie sich über den Mitarbeiter geärgert, machen Sie ihm keine Vorwürfe. Botschaften der Art »Du bist schuld!« tragen weder zum gegenseitigen Vertrauen noch zu einem konstruktiven Gespräch bei. Verdeutlichen Sie stattdessen mit Ich-Botschaften, was Sie nachdenklich bzw. wütend gestimmt hat.

Achten Sie auf die Körpersprache

Achten Sie während des Gespräches besonders aufmerksam auf die Körpersprache des Mitarbeiters, da es sich dabei um subtile Mitteilungen des Unbewussten handelt. Manchmal kommt es zu Inkongruenzen, das heißt, dass Gesagtes und Beobachtetes nicht übereinstimmen. Solche Doppelbotschaften weisen auf tiefer liegenden Klärungsbedarf hin und sollten besonders vorsichtig interpretiert werden. Hier sind Formulierungen angebracht wie: »Das hört sich für mich so an, als ob ...«, »Auf mich wirkt das, als wenn ...?« oder auch »Könnte es sein, dass ...?«.

Geben Sie den Gefühlen Raum

Lassen Sie im Gespräch dem Mitarbeiter Zeit, sich auszudrücken. Geben Sie ihm das Gefühl, dass es in Ordnung ist, enttäuscht oder wütend zu sein. Sagen Sie beispielsweise: »Es ist normal, sich zu ärgern, wenn etwas nicht so klappt wie geplant.« Denken Sie daran: Nicht nur Sie, sondern auch viele andere Menschen haben Probleme, ihre Gefühle auszudrücken. Oder sie haben das Gefühl, dass sie die »falschen« Emotionen erleben. Dies gilt vor allem für Männer. Frauen sprechen über Gefühle, um Bindung zu anderen Menschen herzustellen. Männer brauchen zunächst einmal eine Bindung, um dann über die persönlicheren Dinge zu reden.

Erkennen Sie das Bedürfnis

Versuchen Sie durch offene Fragen und aktives Zuhören herauszufinden, welches Bedürfnis hinter der Reaktion oder dem Verhalten des Mitarbeiters steckt. Da die Frage nach dem »Warum« meist nur Rechtfertigungsmuster aktiviert und einen hilflosen, ressourcenarmen Zustand auslösen können, fragen Sie lieber: »Wozu war das gut?« oder »Wohin hat das geführt?«.

Vergewissern Sie sich, alles verstanden zu haben

Sichern Sie die gemeinsam erarbeiteten Inhalte zwischendurch ab, indem Sie paraphrasieren: »Wenn ich Sie richtig verstehe, dann sind Sie jetzt völlig frustriert, dass es mit der Beförderung nicht geklappt hat?« Durch das kurze Zusammenfassen der Kernaussagen erhalten Sie in der Regel Zustimmung.

Drücken Sie Ihr Verständnis aus

So ein persönliches Gespräch hat den Zweck, den Mitarbeiter abzuholen und die Beziehung zu verbessern. Meist genügt es schon, dass Sie empathisch auf ihn eingehen. Die Beweggründe des anderen zu kennen hilft Ihnen definitiv, ein Verständnis für seine Lage zu entwickeln. Äußern Sie dies auch. Wenn nötig weisen Sie darauf hin, dass Sie zwar die Beweggründe nachvollziehen können, aber trotzdem nicht mit seinem Verhalten einverstanden sind.

Beteiligen Sie ihn an einer Lösung

Wenn es um berufliche Probleme geht, sollten Sie den Mitarbeiter an der Lösung beteiligen. Fragen Sie ihn: »Wie stellen Sie sich vor, dass ...?« Oder: »Was sollte Ihrer Meinung nach passieren, damit ...?« Fassen Sie in Ihrer Abschlussbotschaft die Erkenntnisse zusammen und vereinbaren Sie die dazu notwendigen und sinnvollen Aktionen.

8.3.1 Unterstützen statt trösten

Große (Lebens-)Krisen spielen sich in der Regel im privaten Bereich ab. Zumindest fließen Tränen meist im Beisein von Freunden, Eltern oder Partnern. Trotzdem sollten Sie gewappnet sein, wenn Mitarbeiter plötzlich sehr emotionalreagieren. Männer tun dies häufig, wenn sie ihre persönliche Situation zusammenbrechen sehen. Frauen weinen eher bei Konflikten im Team, wenn sie sich ungerecht behandelt oder überfordert fühlen. Für Führungskräfte stellt dies nicht nur eine schwierige Situation dar, sondern auch einen Balanceakt: Sie dürfen die Emotionen ihrer Angestellten weder ignorieren noch zu nah an sich herankommen lassen. Übertriebenes Mitgefühl ist ebenso unangebracht wie harsche Kritik. Gerade Männer sind erfahrungsgemäß dankbar, wenn ihre »entgleiste« Emotionalität nicht zum Thema gemacht wird. Geht man überhaupt nicht darauf ein, gerät man schnell in den Ruf, eiskalt zu sein. Aber wie verhält man sich als Chef in solchen Situationen empathisch und gleichzeitig professionell? Jedenfalls anders als privat.

Der erste Job einer Führungskraft ist die Diagnose, weil je nach Ursache der Hilfeweg ein anderer ist. Reichen Sie Ihrem Mitarbeiter ein Taschentuch, und warten Sie ab, bis er sich beruhigt hat. Dann klären Sie ab, ob es privat ein Problem gibt oder bei der Arbeit. Auch hier gilt: Stellen Sie **keine** Warum-Fragen – die richten sich an die Vernunft. Fragen Sie stattdessen, was passiert ist. Danach gilt: Mund halten und zuhören. Bis hier ist die Vorgehensweise gleich. Liegt der Grund im Unternehmen, gehört es zu Ihren Aufgaben, nach den Ursachen zu forschen und Lösungen zu finden. Sie können Mitgefühl zeigen, wenn Ihrem Mitarbeiter etwas Schlimmes widerfahren ist, aber nicht, wenn er seinen Job nicht gut macht. Nur weil er weint, können Sie nicht die Anforderungen an ihn senken. Wenn Sie in irgendeiner Form an der Gefühlsmisere beteiligt sind, weil sie ihn beispielsweise wegen seiner schlechten Performance abgemahnt haben, wirkt Mitgefühl ohnehin wenig glaubhaft. Die Hand, die schlägt, kann nicht gleichzeitig trösten.

Bricht ein Mitarbeiter vor anderen in Tränen aus, zum Beispiel im Teammeeting, müssen Sie ihm Schutz bieten. Klären Sie, ob er vor den Kollegen darüber sprechen will. Falls nicht, fragen Sie ihn, was er jetzt braucht, und zeigen Sie verschiedene Optionen auf, wo und mit wem die Ursache dieses emotionalen Ausbruchs zu klären wäre. Die Maxime ist, im Team nur das zu besprechen, was das Team angeht, Persönliches und die eigene Arbeit Betreffendes besser im Einzelgespräch. Seien Sie authentisch und ehrlich, sonst ist das Gespräch für beide Seiten unangenehm. Stellen Sie Fragen, wenn Sie etwas nicht nachvollziehen können, aber argumentieren Sie nicht. Ihr Job ist es, von einem Zustand wieder in einen Prozess zu kommen. Traurig, enttäuscht oder verletzt zu sein ist ein Zustand – Ihr Mitarbeiter ist jetzt aufgewühlt. Da müssen Sie als Chef lösungsorientiert handeln. Und zwar nicht aus einer Betroffenheit heraus, sondern mit großer Sachlichkeit. Helfen Sie zu sortieren: Was klärt der Mitarbeiter privat, was im Team oder mit dem Vorgesetzten? Überlegen Sie beide zum Schluss, wie die nächsten Schritte aussehen. Eine kurze Auszeit nach dem Gespräch erlaubt es ihm, erst dann wieder auf Kollegen zu stoßen, wenn er sich gefangen hat und verräterische Spuren wie geschwollene Augen verschwunden sind. Ist wegen eines Konflikts eine gemeinsame Aussprache mit einem anderen Mitarbeiter nötig, sollte dieser Termin erst am nächsten Tag angesetzt werden. Das gibt dem Betroffenen die Möglichkeit, sich zu beruhigen und seine Gedanken zu ordnen.

Gibt es private Gründe für den Gefühlsausbruch, sieht die Sache anders aus. Am besten schicken Sie den Mitarbeiter nach Hause und stellen ihn für den Rest des Tages frei. Zeigen Sie sich verständnisvoll. Bei gesundheitlichen Problemen können Sie anbieten, Aufgaben vorübergehend umzuverteilen, um ihn zu entlasten. Bei einem Todesfall in der Familie oder anderen Katastrophen fragen Sie nach, womit Sie helfen können. Wenn keine praktische Unterstützung möglich ist, können Sie zumindest Ihre Anteilnahme äußern. Sagen Sie zum Beispiel: »Das tut mir sehr leid für Sie.« Oder wenn das Ereignis, sei es eine Operation, Prüfung usw., noch bevorsteht: »Ich wünsche ihnen für morgen alles Gute.«

Mit Körperkontakt sollten Sie vorsichtig sein. Zwar kann der in Krisensituationen beruhigend wirken, aber nur, wenn es situativ und im Zusammenhang mit der Beziehung angebracht ist. Das ist im beruflichen Kontext beinahe nie der Fall. Wenn überhaupt, berühren Sie kurz den Arm oder die Schulter des Mitarbeiters. Sind Sie privat befreundet und umarmen normalerweise die Person, die Trost und Zuwendung benötigen, dann können Sie es jetzt ebenfalls tun. Wenn Sie sich dabei unwohl fühlen, sollten Sie es auch hier bei einer kurzen Berührung an Arm und Schulter belassen. Zwingen Sie weder sich noch den anderen zu etwas, das als unangenehm empfunden wird. Der Betroffene merkt das und bezieht das (unbewusste) Abwehrverhalten womöglich auf sich, was die ohnehin schon schwierige Situation verschärft. Bieten Sie stattdessen lieber Ihre Unterstützung an. Jemand, der schwere Zeiten durchlebt, wird es zu schätzen wissen, neben einer positiven Aufmerksamkeit auch praktische Hilfe zu erhalten.

Fazit: Neben dem inhaltlichen Paraphrasieren ist das Verbalisieren von Fremdgefühlen die beste Methode, sich empathisch zu zeigen. Es hat eine äußerst positive Wirkung auf eine Beziehung und sorgt für Verbindung. Aufgewühlte Mitarbeiter lassen sich im Handumdrehen beruhigen und die Situation lässt sich so schnell deeskalieren. Dabei ist es nicht entscheidend, ob Sie ein Gefühl auf Anhieb exakt treffen, sondern dass Sie damit Ihr Interesse signalisieren. Die Wirkung steigt, wenn Sie gleichzeitig Verständnis für die Lage Ihres Gesprächspartners bekunden. Fühlt sich hingegen der Mitarbeiter emotional nicht abgeholt, schwindet mit dem Vertrauen meist auch die Leistungsbereitschaft: Wenn jemand darüber verärgert ist, dass er wegen ständig wechselnder Zielvorgaben zum x-ten Mal mit seinem Projekt neu beginnen muss, macht die Ermunterung »Das schaffen Sie schon!« eher noch wütender. Wenn Sie sich weder mit ihm als Person noch mit seinen Gefühlen befassen, verlieren Sie den Mitarbeiter – vielleicht nicht sofort durch eine Kündigung, aber definitiv sein Commitment. Deshalb: Nicht auf die Emotionen des anderen einzugehen ist keine Option!

8.3.2 Typische Stolpersteine: Prophylaxe und Erste Hilfe

Wie das Gesagte beim Gesprächspartner ankommt, weiß man immer erst hinterher. Worte wecken Assoziationen. Um Missverständnisse zu vermeiden, sollten Sie sich deshalb gut überlegen, welche Worte Sie wählen. Das wird sicher nicht immer gelingen, denn manchmal weiß man gar nicht, welche Assoziationen der andere haben könnte. Außerdem haben Sie einen Führungsauftrag, der schon mal Vorgehensweisen erfordern kann, die von Ihren Mitarbeitern nicht als empathisch empfunden werden.

Prophylaxe: Wir alle stolpern im Alltag mehrmals über unsere eigenen Denk- und Verhaltensmuster oder treten in Fettnäpfchen. Dabei können die Folgen für die zwischenmenschliche Beziehung schwerwiegender sein als der verbale Ausrutscher selbst. Durch ein wenig mehr Achtsamkeit und Zurückhaltung können viele Risikofaktoren ohne große Mühe eliminiert werden.

Behaupten Sie nie zu wissen, was der andere denkt oder fühlt

Es ist genau richtig, sich Gedanken über seine Mitmenschen zu machen. Doch egal, wie gut Sie die Person kennen und zu glauben wissen, was ihr Problem ist, oder ob Sie ganz ähnliche Erfahrungen gemacht haben – Sie können nie *genau* wissen, was der andere denkt und fühlt. Auch nicht, wie jemand mit einer bestimmten Situation umgeht. Trotz aller Gleichartigkeit sind wir doch nicht komplett gleich und können einem Menschen immer nur vor die Stirn sehen. Wenn Sie wirklich verstehen wollen, was gerade in jemandem vorgeht, sollten Sie gut zuhören, statt eigene Theorien zu entwickeln und sich als Hobbypsychologe aufzuspielen.

Halten Sie sich mit Bewertungen zurück

Wir sind so konditioniert, dass Beobachtungen automatisch mit Bewertungen verknüpft werden, die meist aus eigenen Erfahrungen stammen. Daraus ergeben sich gleich zwei Steine, über wir stolpern können: Erstens sind wir schnell dabei, ungefragt unsere Meinung kundzugeben oder zu belehren, und zweitens erzählen wir von unseren eigenen Erlebnissen statt zuzuhören. In solchen Momenten lenken Sie nicht nur die Aufmerksamkeit auf sich, sondern projizieren auch die eigenen Gedanken und Gefühle auf den anderen. Beides wird den Bedürfnissen Ihres Mitarbeiters selten gerecht. Deshalb: Auch wenn es schwerfällt, sollten Sie sich mit Statements zurückhalten. Versetzen Sie sich stattdessen in seine Lage. Verständnis hilft gegen Vorurteile und negative Bewertungen.

Geben Sie keine Lösungen vor

Die meisten Menschen wollen in ihrem »Schmerz« erst einmal gesehen werden. Überspringen Sie diesen Teil und steuern direkt auf eine Lösung zu, fühlen sich die Betroffenen nicht wahrgenommen und reagieren enttäuscht. Das zeigt sich entweder durch eine Form von (latenter) Aggression oder durch Rückzug in die sichere Distanz. Beide Abwehrstrategien lösen eine Art Kettenreaktion aus, bei der sich hinterher alle Beteiligten schlecht fühlen. Von daher sollten Sie immer die Gelegenheit geben, sich alles von der Seele reden zu können. Erst danach können Sie sich vorsichtig vortasten, ob derjenige überhaupt eine Lösung seines Problems bzw. einen Ratschlag möchte. Manchmal ist es bloß eine Sache des richtigen Zeitpunktes. Aber auch dann sollten Sie Ihre Lösung mehr als Vorschlag formulieren und keinesfalls aufdrängen – immer vorausgesetzt, Ihre Rolle als Führungskraft verlangt nicht etwas anderes.

Reden Sie nichts klein

In Ihren Augen kann es durchaus Schlimmeres geben, als durch eine Prüfung zu fallen oder ein Projekt in den Sand zu setzen. Die Untergangsstimmung beim Mitarbeiter ist dennoch real. Durch Phrasen wie »Das ist kein Beinbruch!« oder »Betrachte es einfach als Chance!« spielen Sie die Probleme nur herunter und vermitteln dem Betroffenen das Gefühl, nicht wirklich ernst genommen zu werden. Versprechen Sie auch niemals, es komme alles wieder in Ordnung. Erstens können Sie das in den meisten Fällen nicht beurteilen, zweitens outen Sie sich als Phrasendrescher. Bestätigen Sie stattdessen dem Mitarbeiter, dass seine Probleme real sind. Konzentrieren Sie sich darauf, zuzuhören und ihn zu unterstützen, wenn er Hilfe benötigt.

Seien Sie nicht zu hart

Einige Menschen denken, dass eine strenge oder unsentimentale Weise eine wirksame Technik sei, um den anderen möglichst schnell aus seinem Dilemma zu reißen. Jemanden »voranzutreiben« oder »abzuhärten« ist selten hilfreich und schon gar nicht empathisch. Dasselbe gilt für Sätze wie: »Ich verstehe dich ja ...« – weil man hier das »aber« schon hört, bevor es ausgesprochen wurde. Auch wenn Sie glauben, es sei im Interesse Ihres Mitarbeiters, zeigt es weniger Ihr Verständnis als Ihre Ungeduld oder Unfähigkeit, mit den Gefühlen anderer umzugehen. Deshalb: Drängen Sie den Mitarbeiter nicht zu Maßnahmen, die zwar möglicherweise sinnvoll wären, aber ihn in seinem emotionalen Zustand überfordern. Bieten Sie dem Mitarbeiter lieber Unterstützung an. Wenn es Ihnen gelingt, durch gutes Zuhören und volle Konzentration auf seine Bedürfnisse einzugehen, wird er sich schnell wieder fangen und eigene Lösungen anstreben.

Sagen Sie nichts Unüberlegtes

Es gibt niemanden, dem nicht schon mal etwas Unüberlegtes herausgerutscht ist. Das liegt daran, dass wir entweder unserem Ärger Luft machen wollten oder nicht richtig zugehört bzw. ohne nachzudenken geredet haben. Meist ist dann eine Entschuldigung fällig. Am besten lassen Sie es erst gar nicht so weit kommen. Gewöhnen Sie sich die 3-Sekunden-Pause an: Wenn Sie merken, dass Sie eine Situation (über-)fordert, eine Aussage provoziert oder die Dinge Sie sonst irgendwie überrumpeln, atmen Sie erst durch und warten drei kleine Sekunden. Das gibt einem die Gelegenheit, die Impulsivität wegzuatmen und mögliche Konsequenzen zu bedenken.

Erste-Hilfe: Und was ist zu tun, wenn das Kind bereits in den Brunnen gefallen ist? Wenn Sie sich redlich bemüht haben, möglichst richtig zu reagieren, und trotzdem etwas schiefgelaufen ist? Keine Panik – auch dafür gibt es Lösungen:

Sie haben das Falsche gesagt

Das passiert schneller, als man denkt, und muss nicht immer etwas mit einem selbst zu tun haben. Das Problem ist, dass wir alle bestimmte Erwartungen haben und vor einem bestimmten Hintergrund agieren. Wenn Sie diese Erwartungen nicht kennen oder den Hintergrund nicht teilen, ist schnell etwas gesagt, was beim anderen nicht gut ankommt. Doch selbst wenn Sie die Erwartungen kennen, kann der Schuss nach hinten losgehen, nämlich dann, wenn Sie nicht das sagen, was Sie eigentlich sagen wollen, sondern das, von dem Sie glauben, dass der andere es hören möchte.

Hier hilft nur sofortige Aufklärung, bevor Glaubwürdigkeit und Vertrauen zum Teufel gehen. Und beim nächsten Mal bleiben Sie sich besser treu. Wer jemanden nach dem Mund redet oder an den falschen Stellen Rücksicht nimmt, ist mehr feige als empathisch.

Sie haben es auf die falsche Art gesagt

Der Ton macht eben nicht nur die Musik, sondern bestimmt auch, wie etwas aufgenommen wird. Vielleicht hat Ihr Mitarbeiter die Ironie nicht herausgehört, mit der Sie die Aussage verpackt haben. Sie merken nur, wie irritiert er reagiert.

Klären Sie das Missverständnis unverzüglich auf. Falls Sie sich tatsächlich im Ton vergriffen haben sollten, entschuldigen Sie sich. Nonverbale Signale (Mimik, Gestik etc.) können solchen Missverständnissen vorbeugen. Wenn Ihr Mitarbeiter Sie lächeln sieht, weiß er: Das ist jetzt nicht so ernst gemeint. Bei Auseinandersetzungen ist grundsätzlich auf die Wortwahl und

Tonalität zu achten. Abgesehen davon, dass man als Führungskraft kein gutes Vorbild abgibt, wenn man die Beherrschung verliert, lassen sich manche Türen, die aus Wut zugeknallt wurden, anschließend nicht mehr öffnen.

Sie haben es zur falschen Zeit oder am falschen Ort gesagt

Nur allzu oft entscheidet die Stimmung, wie aufnahmefähig wir sind oder wie wir etwas verstehen. Wenn Sie einen Mitarbeiter auf ein für ihn unangenehmes Thema vor versammelter Mannschaft ansprechen, dann trägt dies nicht eben zu einer vertrauensvollen Beziehung bei. Gleiches gilt, wenn er (noch) nicht in der Verfassung ist, über etwas Bestimmtes zu reden. Ein zu früher Gesprächsversuch könnte Fluchttendenzen auslösen. Brechen Sie die Aktion unverzüglich ab und verabreden Sie sich für ein Vier-Augen-Gespräch. Wenn nötig, entschuldigen Sie sich für Ihre Unsensibilität. Demnächst vergewissern Sie sich besser vor dem Gespräch, dass die Rahmenbedingungen stimmen. Akzeptieren Sie, wenn der Mitarbeiter gerade nicht in der Stimmung ist, sich mitzuteilen – außer wenn es die Arbeit betrifft. Überlegen Sie vorher, was Ihr Ziel ist und ob Ihre Vorgehensweise darauf einzahlt.

Sie haben überhaupt nichts gesagt

Sei es, dass Sie entsprechende Signale nicht wahrgenommen haben oder aus der Angst heraus, etwas Falsches zu sagen, nicht reagieren wollten – Schweigen ist nicht immer Gold. Viele Beziehungen leiden, weil bestimmte Dinge nicht angesprochen werden. Die Folge: Probleme fressen sich fest und Konflikte eskalieren.

Es spricht nichts dagegen, ein Gespräch nachzuholen. Gehen Sie aktiv auf denjenigen zu und sprechen Sie ihn möglichst in Form von Ich-Botschaften an: »Ich habe den Eindruck ...« oder »Mir ist aufgefallen, ...«. Damit zeigen Sie Ihre Bereitschaft zuzuhören, und nun liegt es an dem Mitarbeiter, das Angebot anzunehmen. Und beim nächsten Mal überlegen Sie nicht lange, sondern handeln direkt. Dann ist der innere Widerstand deutlich geringer und Probleme stauen sich nicht erst auf.

Sie werden Fehler nicht grundsätzlich verhindern können – nicht einmal Kommunikationsprofis gelingt das. Aber wenn Sie aufmerksam sind und den Empfehlungen folgen, werden Sie die größten Fettnäpfchen erfolgreich umschiffen.

> *»Empathie kann nur als authentische Erfahrung realisiert, nicht aber gespielt oder simuliert werden«.*
> Stefan Liekam

8.4 Authentisch bleiben

Empathie dient keinem Selbstzweck. Als Führungskraft wollen Sie die Mitarbeiter für sich oder ihre Sache gewinnen. Das Team auf seiner Seite zu haben, ist angenehm und sinnvoll und erleichtert die Zusammenarbeit immens: Synergien lassen sich erreichen, die Produktivität lässt sich steigern und vieles mehr. Um die gewünschte Wirkung zu erzielen, müssen Botschaften ankommen. Dazu sollte Aussagen zu den momentanen Empfindungen einer Person passen. Die Fähigkeit, seine Gedanken und Gefühle sowohl verbal als natürlich auch nonverbal möglichst authentisch und gut verständlich nach außen sichtbar darzustellen, bezeichnet man als Ausdrucksstärke, und sie erfordert mehr, als nur (emotionalen) Nachdruck in seine Worte hineinzulegen. Denn schaut man sich faszinierende Schauspieler, Politiker oder Musiker an, stellt man fest, dass sie mit ihrem Körper ebenso ausdrucksstark sind wie mit ihren Worten. Sie verfügen über eine große Bandbreite an Gesichtsausdrücken, lächeln viel, unterstreichen Aussagen mit den passenden Gesten und tragen ihre Texte mit Leidenschaft vor. Sie zeigen, was sie bewegt und dass sie am anderen interessiert sind, damit der Funke überspringt. Außerdem sind sie Meister der Synchronizität, das heißt, wenn sie mit jemandem sprechen, spiegeln sie körpersprachlich ihr Gegenüber.

Auch wenn Sie keine Karriere als Schauspieler anstreben: Treten Sie lebendig und positiv auf! Ausdrucksstärke beginnt im Kopf. Sobald negative Gedanken auftauchen (»Das schaffe ich nie!«), ersetzen Sie diese durch positive (»Ich habe schon ganz anderes erreicht!«). Das erfordert anfangs Disziplin, wird aber bald zur Routine. Seien Sie offen für die Gefühle, Gedanken und Zustände von anderen Menschen. Gehen Sie wohlwollend auf (einzelne) Personen zu, und geben Sie ihnen das Gefühl, in diesem Moment der, die oder das Wichtigste auf der Welt zu sein. Spätestens jetzt stellt sich die Frage: Kann man sich einen Hauch Obama-Aura zulegen, wenn man im Kern ein staubtrockener, wenn auch tüchtiger Ingenieur, Controller oder Jurist ist? Wirkt das nicht zu aufgesetzt? Und wird man durch die Verwendung stupider Verhaltensschablonen womöglich zur Persiflage seiner selbst? Denn mit dem Abschied von der puren Sachlichkeit befürchten viele das Ende ihrer Authentizität.

Meiner Meinung nach wird da Authentizität mit Vertrautheit verwechselt, sodass die eigentliche Frage lauten müsste: Fühlen wir uns nur authentisch, wenn wir in gewohnten Mustern agieren? Wie war das damals, als wir laufen lernten? Da haben wir doch auch nicht gesagt: »Ich bin noch nie gelaufen. Das wäre total unglaubwürdig, wenn ich jetzt damit anfangen würde.« Oder: »Wie peinlich ist das denn, wenn ich bei meinen ersten Gehversuchen hinfalle!« Ebenso wenig haben wir uns aus der Angst heraus, was andere von uns denken könnten, dem Lauftraining komplett verweigert. Woher kommt dann diese plötzliche Angst vor mangelnder Authentizität? Und was heißt das überhaupt: authentisch sein?

Dazu nur drei Stichworte, die im Zusammenhang mit Authentizität immer wieder fallen: Ehrlichkeit, Konsequenz und Charakterstärke. Wer authentisch sein will, muss der Realität ins Auge blicken und auch unangenehme Wahrheiten akzeptieren. Wenn Sie bisher wenig empathisch waren, dann stehen Sie dazu und arbeiten Sie konsequent an diesem Lernfeld. Sich selbst treu zu bleiben heißt auch: Größe zu zeigen und den Mut zu haben, gegen alle Widerstände von außen der zu sein, der man sein will. Authentische Menschen hören auf sich und nicht auf ihr Umfeld.

Zu seinen Überzeugungen zu stehen und danach zu handeln bedeutet nicht, starr zu sein. Persönlichkeit ist schließlich kein zementierter Zustand. Wir entwickeln uns ständig weiter. Nicht nur Fertigkeiten und Fähigkeiten, sondern auch Persönlichkeitsmerkmale sind veränderbar. Aus einer »faulen Socke« wird voraussichtlich kein »fleißiges Bienchen«. Trotzdem erfinden wir uns laut der amerikanischen Forscher Margaret King und Jamie O´Boyle durchschnittlich alle 20 Jahre neu. Die meisten Menschen betrachten allerdings das, was ist, als ihren wahren Wesenskern und leugnen damit die Chancen, die in der Entwicklung ihrer Persönlichkeit liegen. Und was noch viel schlimmer ist: Sie neigen dazu, ihr Verharren in der Komfortzone als Ausdruck ihrer »Authentizität« zu verklären. »Wenn ich das so sagen oder tun würde, wäre ich nicht mehr ich.« Diesen Satz höre ich als Coach oft, wenn Menschen an den Punkt geraten, dass gewisse Veränderungen ihrer Denk- oder Verhaltensweisen sinnvoll wären. Authentizität dient hier einzig und allein als Entschuldigung für das Festhalten an Gewohntem. Sie können sich persönlich weiterentwickeln und trotzdem authentisch bleiben. Die Veränderung unseres Denkens und Handelns ist ein Teil echter Persönlichkeitsentwicklung. Dafür müssen wir zulassen, dass vertrautes Verhalten einem neuen weicht, welches durch ständige Wiederholungen irgendwann zur Routine wird und sich dadurch zunehmend normaler und stimmiger anfühlt. Verlassen Sie bekannte Pfade und beschreiten Sie neue. Ihre Authentizität liegt in der Entschlossenheit und Selbstverständlichkeit, mit welcher Sie es tun.

Fazit: Ihre Glaubwürdigkeit hängt von der Haltung ab, mit der Sie etwas tun. Für Sie und andere mag sich neues Verhalten zunächst fremd anfühlen, aber dieser Eindruck verfliegt schnell. Betrachten Sie es deshalb als Bestätigung Ihrer Bemühungen, wenn andere feststellen: »Du hast dich aber verändert!« Entscheidend ist letztendlich die Wahrhaftigkeit sich selbst gegenüber.

Auf den Punkt gebracht

Wer sich als Führungskraft nicht nur auf seine Funktion und Rolle reduzieren lassen will, sondern seinen Mitarbeitern als menschliches Wesen begegnen möchte, für den sind Empathie und Verständnis unverzichtbar. Sie schaffen Momente echter Begegnung und damit Nähe, die wiederum Garant für tragfähige Beziehungen und eine erfolgreiche Zusammenarbeit sind. Dazu bedarf es der grundsätzlichen Bereitschaft, sich auf Menschen einzulassen. Nur wer wirklich offen für neue Erfahrungen ist, kann lernen, sich mental in andere hineinzuversetzen und die Denk- und Verhaltensmuster sowie die dahinterliegenden Absichten seiner Mitmenschen zu erkennen. Was es nicht braucht, ist das emotionale Mitschwingen. Im Businesskontext geht es vorrangig um das Verstehen, das heißt um das Beobachten, Erkennen, Interpretieren und Sichhineinversetzen. All das geschieht mittels des Verstandes und bedarf weniger der Emotion als der Kognition.

»Trainingsrückstände« lassen sich leicht aufholen durch:

1. Wahrnehmen

Allein durch das Beobachten erfahren wir viel über unsere Mitmenschen. So bekommen wir mit, welche Gewohnheiten jemand hat, woran er gerade arbeitet und wie er in bestimmten Situationen auf welchen Auslöser reagiert. Wir achten in Gesprächen auf die Körpersprache, auf die Stimme, auf die Wortwahl und lesen in Gesichtern, die uns etwas über die Gefühle und Absichten verraten.

2. Verstehen

Wenn wir uns in die Lage unserer Mitmenschen hineinversetzen, können wir besser verstehen, was sie zu einem bestimmten Verhalten veranlasst hat. Aufmerksames Zuhören und der Perspektivenwechsel fördern das Verständnis. Um aber wirklich zu durchschauen, warum jemand so und nicht anders denkt, fühlt oder handelt, müssen wir herausfinden, was für ein Typ Mensch er ist und welche Motive ihn antreiben.

3. Handeln

Empathie als Kompetenz erfasst auch die unmittelbare Reaktions- und Handlungsebene. Es geht ums Kommunizieren, Synchronisieren und Anwenden. Das setzt nicht nur die technische Beherrschung des Handwerkszeugs voraus, sondern vor allem die Entscheidung, sich mindestens für einen Moment auf die Gedanken, Gefühle und Bedürfnisse des anderen zu konzentrieren, was zugleich bedeutet, uns selbst zurückzunehmen. Indem wir Kontaktbereitschaft signalisieren, eine gemeinsame Sprache wählen und aktiv die Gefühle unseres Gegenübers ansprechen, zeigen wir uns empathisch.

Führungskräfte müssen nicht für alles und jeden Verständnis haben und schon gar nicht inakzeptables Verhalten tolerieren. In solchen Fällen sind andere Fähigkeiten einer entwickelten Selbst- und Sozialkompetenz einzusetzen wie zum Beispiel Selbstbewusstsein, Realitätssinn, Abgrenzungs- und Konfliktfähigkeit. Professionalität zeigt sich eben auch daran, dass man in begründeten Fällen als Vorgesetzter nicht zurückweicht, sondern bewusst die Auseinandersetzung sucht.

Eine empathische Führungskraft muss auch den Mut haben, anderen die Stirn zu bieten, ihnen Sichtweisen und Sachverhalte entgegenzuhalten, Gegensätzliches hervorzuheben und auszutragen. Dies schließt ein wertschätzendes, auf Toleranz und Rücksicht basierenden Arbeits- und Lernklima keineswegs aus.

Schlusswort

Ein erster Schritt hin zu mehr Empathie ist getan. Jetzt müssen Sie nur noch dranbleiben. Sich immer wieder neuen Herausforderungen stellen. Denn eins steht fest: Empathisch sein muss man wollen! Sich in andere hineinzuversetzen, ihre Gedanken und Gefühle zu erahnen, passiert nicht einfach so. Es ist eine bewusste Entscheidung. Die Entscheidung, sich mit anderen Menschen zu beschäftigen und auf eine ehrliche und authentische Weise zu begegnen.

Sich selbst gegenüber ehrlich zu bleiben bedeutet möglicherweise, sich extern unterstützen zu lassen. Denn oft ist der Wunsch nach Veränderung vorhanden, der Weg dahin ist jedoch durch die eigene Wahrnehmung und die eigenen Verhaltensmuster verbaut. Mithilfe eines professionellen Sparringpartners und entsprechender »Werkzeuge« fällt der Perspektivenwechsel leichter und eine damit einhergehende Weiterentwicklung kann stattfinden.

Für Leistungssportler ist eine professionelle Begleitung schon lange selbstverständlich. Mit einem Trainer an Ihrer Seite können Sie oft mehr für sich herausholen. Der »Personal Coach« legt mit Ihnen zusammen das konkrete Ziel und die Strategie fest. Er achtet auf die richtige Trainingsdosis und weiß zu schätzen, was Sie leisten. Er regt Sie zur Selbstreflexion an und hilft, auch dann noch durchzuhalten, wenn es mal nicht weitergeht. Vor allem aber gibt er Ihnen ein ehrliches Feedback, was Topmanager aufgrund ihrer exponierten Position schon gar nicht mehr kennen.

Ob mit professioneller Unterstützung oder ohne: Vertrauen Sie auf Ihre Fähigkeiten. Sie schaffen das.

Viel Erfolg!

Anhang

1. Kleines Lexikon der Körpersprache

Körpersignale	Mögliche Bedeutung
direkter Blickkontakt	Selbstbewusstsein, Sicherheit, Interesse
ausweichender Blick	Abneigung, Unsicherheit
vorgebeugter Oberkörper	Interesse, Aufmerksamkeit
zurückgelehnter Oberkörper	Ablehnung, Distanzwunsch, Selbstzufriedenheit
Arme vor der Brust	Abwarten, Distanzwunsch
offene Armbewegungen	Sicherheit, Wohlgefühl, Selbstbewusstsein
Hände geballt	Wut, Zorn, Entschlossenheit
Hände in der Hüfte	Entrüstung, Arroganz, Selbstsicherheit
Hände fest um einen Gegenstand	Verkrampftheit, Nervosität
erhobener Zeigefinger	Drohung, Belehrung
häufige Beinbewegungen	Unruhe, Nervosität, Unsicherheit
Fingertrommeln	Nervosität, Gereiztheit
übereinandergeschlagene Beine (zum Gesprächspartner hin)	Hinwendung, Aufmerksamkeit
übereinandergeschlagene Beine (vom Gesprächspartner weg)	Abwendung, Desinteresse
aufrechte (jedoch nicht steife oder starre) Körperhaltung	Selbstbewusstsein, Sicherheit

Körpersignale	Mögliche Bedeutung
erhobene, gerade Kopfhaltung	Selbstsicherheit, aber auch Arroganz
durch aneinander gelegte Fingerkuppen geformtes Spitzdach	Selbstsicherheit, Betonung sachlicher und kognitiver Aspekte, Abwehr von Argumenten
Arme verschränkt	Gemütlichkeit, Ablehnung, Aggression
Hände verschränkt	innere Ruhe, Verkrampftheit
Hände und Füße unruhig	Aktivität, Nervosität, Ablehnung
Brille auf- und absetzen	Nachdenklichkeit, Zweifel
Hand vor den Mund halten	Erstaunen
Neigen des Kopfes	Interesse oder Verlegenheit
Kopf erhoben	Aufmerksamkeit, Trotz
Kopf gesenkt	Konzentration, Respekt oder Unsicherheit
sich zurücklehnen	entspanntes Hören, Abstand nehmen
Übereinandergeschlagene Beine und Wippen	Desinteresse
offene, große Augen und langer Blickkontakt	Interesse, Freude, Sympathie
zusammengezogene Augen, steifer Nacken	Konzentration
zum Ausgang zeigende Fußspitzen, nach hinten gestelltes Bein	Fluchttendenz
schleppender Gang, gesenkter Kopf, geneigter Oberkörper, schlaffe Haltung	Niedergeschlagenheit
schnelle Schritte, lockere Armhaltung	Selbstsicherheit, Zielstrebigkeit
offene, nach oben gerichtete Handflächen	Offenheit, Kooperationsbereitschaft, Ehrlichkeit

Körpersignale	Mögliche Bedeutung
mehrmaliges Senken der Hände mit nach unten gerichteten Handflächen	Beschwichtigen, Besänftigen
gestreckte Hand wird auf die Innenseite der anderen Hand geschlagen (Handkantenschlag)	Dominanz, Aggressivität, überzeugen wollen
mit Daumen oder Zeigefinger übers Kinn reiben oder über den Bart streichen	Unentschlossenheit
offener Mund	Neugier, Erstaunen
Kopfschütteln, ans Ohrläppchen fassen	nicht einverstanden sein
Zucken der Schultern	Hilflosigkeit
Nase rümpfen, Stirnrunzeln, Augen senken	Widerwillen, Ekel

Tabelle 8: Körpersignale und ihre Bedeutung

2. Datenbank der Gefühle

Hier finden Sie eine Auswahl von Gefühlswörtern. Die Auflistung wurde im Abgleich mit Fachpublikationen erstellt und allem, was das Internet an Begrifflichkeiten so hergibt. Die Eingruppierung erfolgt nicht wie üblich in positive und negative Gefühle, sondern in angenehme und unangenehme. Einfach aus dem Grund, dass viele Menschen mit dem Wort »negativ« eine Bewertung assoziieren. In Konflikten sind Gefühlsäußerungen jedoch grundsätzlich hilfreich und willkommen, selbst wenn sie als unangenehm empfunden werden.

Neben den angenehmen und unangenehmen Emotionen gibt es noch die sogenannten »Interpretationsgefühle«. Hierbei handelt es sich weniger um Gefühle als um Gefühlsformulierungen, weil sie in Wirklichkeit verpackte Gedanken, Schuldzuweisungen, Anklagen, Vorwürfe und eben Interpretationen sind.

Angenehme Gefühle

amüsiert, angeregt, aufgedreht, aufgeregt, ausgeglichen, befreit, begeistert, behaglich, belebt, berauscht, beruhigt, berührt, beschwingt, bewegt, dankbar, dynamisch, eifrig, ekstatisch, empfänglich, energetisch, engagiert, enthusiastisch, entlastet, entschlossen, entspannt, entzückt, erfreut, erfrischt, erfüllt, ergriffen, erleichtert, erstaunt, erwartungsvoll, fasziniert, frei, friedlich, froh, fröhlich, gebannt, geborgen, gefesselt, gefestigt, gelassen, gerührt, gespannt, gesund, glücklich, gut gelaunt, heiter, hellwach, hoffnungsvoll, inspiriert, klar, kraftvoll, lebendig, leicht, locker, lustig, motiviert, munter, mutig, neugierig, optimistisch, ruhig, sanft, satt, schwungvoll, selbstsicher, selig, sicher, sorglos, stolz, überglücklich, überrascht, überwältigt, überzeugt, unbeschwert, vergnügt, verliebt, vertrauensvoll, wach, wissbegierig, zärtlich, zufrieden, zugeneigt, zuversichtlich

Unangenehme Gefühle

aggressiv, angespannt, ängstlich, ärgerlich, aufgeregt, ausgelaugt, bedrückt, besorgt, bestürzt, betroffen, betrübt, beunruhigt, blockiert, deprimiert, durcheinander, eifersüchtig, einsam, elend, empört, ernüchtert, erschlagen, erschöpft, erschrocken, erschüttert, erstarrt, frustriert, furchtsam, gehemmt, geladen, gelähmt, gelangweilt, genervt, hart, hasserfüllt, hilflos, irritiert, kalt, kraftlos, leer, lethargisch, matt, miserabel, müde, mutlos, nervös, niedergeschlagen, ohnmächtig, panisch, perplex, ratlos, resigniert, ruhelos, sauer, scheu, schlapp, schüchtern, schwer, schwermütig, sorgenvoll, teilnahmslos, tot, träge, traurig, unbehaglich, ungeduldig, unglücklich, unruhig, unsicher, unwohl, unzufrieden, verbittert, verspannt, versteinert, verwirrt, verzweifelt, widerwillig, wütend, zappelig, zerrissen, zornig, zweifelnd

Gefühlsausdrücke, die in Wirklichkeit verpackte Gedanken, Schuldzuweisungen, Anklagen, Vorwürfe und Interpretationen sind, sind weniger Gefühle als Gefühlsformulierungen. Nachfolgende Ausdrücke werden besonders häufig verwendet. Bitte beachten Sie, dass es bei manchen Begriffen auf den Kontext und die Betonung ankommt.

abgelehnt, abgeschnitten, akzeptiert, allein gelassen, an den Pranger gestellt, an die Wand gestellt, angegriffen, attackiert, ausgebeutet, ausgenutzt, ausgeschlossen, ausgestoßen, beachtet, bedroht, belästigt, beleidigt, belogen, benutzt, beschuldigt, beschützt, bestätigt, bestraft, betrogen, bevormundet, deplatziert, diskriminiert, dominiert, eingeschüchtert, entmutigt, enttäuscht, erdrückt, erniedrigt, ernst genommen, festgenagelt, frustriert, gedrängt, geehrt, gekränkt, gelangweilt, geliebt, gemaßregelt, gemobbt, gequält, geschmeichelt, gesehen, getäuscht, gewürdigt, gezwungen, gut beraten, herabgesetzt, hereingelegt, hintergangen, ignoriert, im Mittelpunkt, in die Ecke gedrängt, in die Enge getrieben, isoliert, kleingemacht, lächerlich gemacht, manipuliert, minderwertig, missachtet, missbraucht, missverstanden, provoziert, reingelegt, sabotiert, schikaniert, schlecht behandelt, schön, sympathisch, tyrannisiert, über den Tisch gezogen, überfordert, übergangen, überlistet, überredet, unerwünscht, ungehört, ungeliebt, ungerecht behandelt, unter Druck gesetzt, unterbezahlt, unterdrückt, unverstanden, unwichtig, verärgert, verarscht, verfolgt

3. Selbsteinschätzungsbogen

In dem vorliegenden Selbsteinschätzungsbogen nach dem »Vier-Ohren-Modell« von Friedemann Schulz von Thun geht es um Ihre spontanen Reaktionen auf verschiedene Situationen. Insgesamt gibt es zwölf unterschiedliche Situationen mit jeweils vier Antwortmöglichkeiten. Bitte kreuzen Sie diejenige Antwort an, die Ihnen am ehesten entspricht. Es gibt dabei kein »richtig« oder »falsch«. Kreuzen Sie möglichst spontan diejenige Reaktion an, für die Sie sich wahrscheinlich entscheiden würden, und nicht jene, die Sie am »besten« oder »vernünftigsten« finden. Anschließend übertragen Sie Ihre Antworten in den Auswertungsbogen am Ende.

Situation 1:

Sie stehen in einer Schlange beim Bäcker und warten schon eine ganze Weile. Endlich sind Sie an der Reihe und sagen rasch, was Sie haben möchten. Die Verkäuferin runzelt die Stirn und sagt betont langsam: »Das ist ja eine Hektik heute!«

a) Sie stimmen ihr zu, dass heute viele los ist.
b) Sie ärgern sich, dass die Verkäuferin Sie so unfreundlich behandelt.
c) Sie sagen der Verkäuferin, dass Sie es nicht so eilig haben.
d) Sie stellen sich vor, dass es stressig sein muss, an ihrer Stelle zu sein.

Situation 2:

Auf dem Gang treffen Sie einen Kollegen aus einer anderen Abteilung, den Sie vor einem Jahr auf einem Seminar kennengelernt haben. Der Kollege grüßt Sie nicht.

a) Sie vermuten, dass er wohl mit seinen Gedanken woanders ist.
b) Sie finden, dass es normal ist, dass man sich nach einer gewissen Zeit nicht mehr aneinander erinnern kann.
c) Sie finden es unfreundlich, dass der Kollege Sie ignoriert.
d) Sie vermuten, dass er in Ruhe gelassen werden will.

Situation 3:

Ihr Freund Klaus hat Sie zu einer Party eingeladen. Eine Ihnen unbekannte Person fragt Sie: »Und woher kennst du den Klaus?«

a) Sie vermuten, dass er/sie ein kontaktfreudiger Mensch ist und gerne auf andere zugeht.

b) Sie haben den Eindruck, dass er/sie sich für Sie interessiert und gerne kennenlernen möchte.

c) Sie vermuten, dass er/sie hier wenige Leute kennt, und nehmen sich bewusst Zeit für ihn/sie.

d) Sie überlegen, wie lange sie Klaus kennen, beantworten die Frage und denken sich nichts weiter dabei.

Situation 4:

Eine Kollegin, zu der Sie ein eher distanziertes Verhältnis haben, kommt zu einer Besprechung in Ihr Büro und sagt: »Das ist ja ganz schön stickig hier.«

a) Sie stellen fest: »Das kann gut sein. Wir hatten das Fenster heute noch nicht offen.«

b) Die Kollegin will Sie offenbar auffordern, zu lüften.

c) Sie glauben, dass Ihre Kollegin viel Wert auf frische Luft legt.

d) Sie denken sich, dass sie ja wieder gehen kann, wenn es ihr hier zu stickig ist.

Situation 5:

Sie kommen an einem warmen Sommerabend müde und geschafft von einem langen Bürotag nach Hause. Ihr Partner/in fragt: »Möchtest du erst einmal duschen gehen?« Er/sie will damit sagen:

a) dass Sie schlecht riechen,

b) dass er/sie sich um Ihr Wohlbefinden sorgt und hofft, dass Ihnen die Dusche guttun wird,

c) dass eine Dusche nach einem anstrengenden Tag erfrischend ist,

d) dass Sie duschen gehen sollen.

Situation 6:

Sie erhalten einen Kundenanruf. Der Kunde sagt mit unüberhörbarer Ironie: »Das ist ja unglaublich, dass ich Sie heute noch zu sprechen bekomme. Den ganzen Vormittag hab ich versucht, Sie zu erreichen, und immer war es besetzt.« Sie antworten:

a) innerlich gereizt: »Um was geht es denn?«,
b) voller Bedauern: »Das ist ja ärgerlich, dass so oft besetzt war«,
c) mit dem Versuch, das Ärgernis wiedergutzumachen: »Das tut mir leid; wie kann ich Ihnen weiterhelfen?«,
d) neutral: »Um was geht es denn?«

Situation 7:

Sie haben einen Termin mit Ihrem neuen Vorgesetzten vereinbart, weil Sie einige fachliche Fragen haben. Als Sie sein Büro betreten, blickt er nicht vom Bildschirm auf und arbeitet weiter am PC, während er sagt: »Schießen Sie schon mal los. Ich höre Ihnen zu.«

a) Sie versuchen, sich kurz zu fassen, damit Ihr Vorgesetzter nicht zu lange unterbrochen wird.
b) Sie haben den Eindruck, dass Ihr Chef im Stress ist und deshalb versucht, zwei Sachen auf einmal zu erledigen.
c) Sie finden es taktlos, dass Ihr Chef weiterarbeitet, während Sie mit ihm sprechen.
d) Sie stellen Ihre Fragen und bemerken kaum, dass Ihr Chef noch auf den Bildschirm blickt.

Situation 8:

Bei einer engagierten Diskussion im Freundeskreis sagt ein Freund in scharfem Tonfall zu Ihnen: »Jetzt hast du mich schon zum dritten Mal unterbrochen.«

a) Sie können verstehen, dass Ihr Freund sich ärgert, dass er unterbrochen wurde.

b) Sie überlegen, ob es stimmt, dass Sie ihn schon dreimal unterbrochen haben.

c) Sie versuchen, ihn jetzt nicht mehr zu unterbrechen.

d) Sie fühlen sich angegriffen und bloßgestellt.

Situation 9:

Sie arbeiten seit einem Jahr in einer Projektgruppe zur Entwicklung einer neuen Software mit. Heute präsentieren Sie vor den Führungskräften Ihrer Abteilung die Zwischenergebnisse. Als Sie die Präsentation beendet haben, sagt der Abteilungsleiter: »Und dafür hat die Projektgruppe ein Jahr gebraucht?«

a) Sie antworten: »Ja, die Entwicklung der Software braucht tatsächlich länger als erwartet.«

b) Sie spüren die Ungeduld Ihres Abteilungsleiters und sagen: »Ich hoffe auch, dass es jetzt schneller vorangehen wird. Wir werden alles tun, damit wir rechtzeitig fertig werden.«

c) Sie haben den Eindruck, dass Ihr Chef unter großem Druck steht, und sagen: »Ich weiß, die Zeit drängt. Ich kann nachvollziehen, dass Sie sich die Ergebnisse schneller gewünscht hätten.«

d) Sie finden diese Bemerkung abwertend, versuchen jedoch, sich Ihren Ärger über diese dumme Frage nicht anmerken zu lassen.

Situation 10:

Als Ihr Kollege einen Blick auf die Liste für die Telefonbereitschaft wirft, sagt er: »Na so was, an den Freitagen kann ich deinen Namen ja gar nicht entdecken!« Tatsächlich machen Sie kaum einen Freitagsdienst, weil Ihre Kollegin Susanne Ihnen angeboten hatte, Ihre Freitagsdienste zu übernehmen, wenn Sie dafür ihren Service an Montagen übernehmen.

a) Sie antworten: »Die Dienste habe ich mit Susanne getauscht. Aber wenn du willst, kann ich auch den einen oder anderen Freitagsdienst mit dir tauschen.«
b) Sie ärgern sich über den Eindruck, dass der Kollege Ihnen unkollegiales Verhalten unterstellt.
c) Sie antworten: »Das stimmt. Susanne übernimmt für mich freitags den Service und ich montags für sie.«
d) Sie können den Ärger des Kollegen verstehen und erklären sich.

Situation 11:

Sie sitzen zu Hause am Frühstückstisch und sind in den Wirtschaftsteil der Zeitung vertieft. Ihr Gegenüber stellt nach einiger Zeit die Frage: »Sag mal, was gibt's eigentlich so Interessantes zu lesen?« Sie erwidern:

a) »Dich stört es, dass ich lese, nicht wahr?«
b) »Hier steht ein Bericht über unsere Firma.«
c) »Ich werde ja wohl noch kurz die Zeitung lesen dürfen!«
d) »Okay, bin gleich fertig!«

Situation 12:

Bei einer Besprechung, in der es um die Verbesserung der Arbeitsabläufe geht, plädieren Sie für eine flexiblere Aufteilung bei einigen Aufgaben. Herr Meier, ein älterer Kollege, lehnt das vehement ab: »Das geht doch nicht. Das gibt ja totales Chaos.«

a) Sie sind verärgert, dass der Kollege Ihren Vorschlag so abkanzelt.
b) Sie versuchen, den Vorschlag so zu verändern, dass Herr Schmidt mit der Lösung zufrieden ist.
c) Sie erklären Herrn Schmidt noch einmal die Vorteile Ihrer Lösung.
d) Sie merken, dass Herr Meier auf genaue Regelungen Wert legt, und versuchen, zu verstehen, welche Bedenken er genau hat.

Auswertungsbogen

Bitte übertragen Sie nun Ihre Antworten in die nachfolgende Übersicht (ankreuzen). Danach addieren Sie die Zahl der Kreuze in jeder Reihe und tragen die Werte ins Diagramm ein.

1 2 3 4 5 6 7 8 9 10 11 12	Kommunikationsebene	Anzahl
a b d a c d d b a c b c	Sachohr	
b c b d a a c d d b c a	Beziehungsohr	
c d c b d c a c b a d b	Appellohr	
d a a c b b b a c d a d	Selbstkundgabeohr	

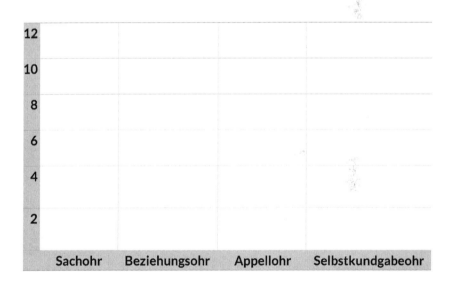

Quellen- und Literaturverzeichnis

Antwerpen, Elke; Coaching für Kopfmenschen. Ihr Masterplan für persönliche Stärke und Erfolg; BoD, 2018

Bender, Andrea; Beller, Sieghard; Allgemeine Psychologie – Denken und Sprache; Hogrefe Verlag, 2010

Bergner, Thomas; Gefühle: Die Sprache des Selbst; Schattauer Verlag, 2012

Bierhoff, Hans-Werner; Sozialpsychologie: Ein Lehrbuch; W. Kohlhammer Verlag, 2006

Covey, Stephen R.; Die 7 Wege zur Effektivität; GABAL Verlag, 51. Auflage, 2018

Davis, M. H. (1983); Measuring Individual Differences in Empathy: Evidence for a Multidimensional Approach. Journal of Personality and Social Psychology, 44, 113–126

Descartes, René; Die Passionen der Seele; Felix Meiner Verlag, 2018

Ekman, Paul; Gefühle lesen; Springer Verlag, 2007

Feldman Barrett, Lisa; Valence focus and arousal focus: Individual differences in the structure of affective experience; Journal of Personality and Social Psychology, 1995

Heckhausen, Heinz; Motivation und Handeln; Springer, 2. Auflage, 1989

Hogan, R. (1969); Development of an empathy scale. Journal of Consulting and Clinical Psychology, 33(3), 307–316

Hossiep, Rüdiger; Paschen, Michael; Bochumer Inventar zur berufsbezogenen Persönlichkeitsbeschreibung; Manual. 2. Aufl. Hogrefe, Göttingen, 200

Jolliffe, Darrick; Farrington, David P. (2006); Development and validation of the Basic Empathy Scale; Journal of Adolescence, 29, 589–611

King, Margaret; Jamie O'Boyle; Center of Cultural Studies and Analysis; Philadelphia 2016

Klauer, Karl Josef; Transfer des Lernens: Warum wir oft mehr lernen als gelehrt wird; Kohlhammer Verlag, 2010

Freiherr von Knigge, Adolph; Der Roman meines Lebens, in Briefen herausgegeben; CreateSpace Independent Publishing Platform, 21. Februar 2013

Liekam, Stefan; Empathie als Fundament pädagogischer Professionalität. Analysen zu einer vergessenen Schlüsselvariable der Pädagogik; Inaugural-Dissertation, Ludwig-Maximilians-Universität München, 2004

Liekam, Stefan; Der Empathie-Faktor. Von der Einfühlung zur empathischen Kompetenz; Weiterbildung; Ausgabe 05/2012

Magai, C.; McFadden, S.H.; The role of emotions in social and personality development: History, theory and research; New York: Plenum Press, 1995

Niederstadt, Jenny; Die zehn Nachteile des Mitgefühls; Wirtschaftswoche, 28. Januar 2016

Perner, Josef; Theory of mind; in M. Bennett (Ed.), Developmental psychology: Achievements and prospects (pp. 205–230); Psychology Press, 1999

Premack, David; Woodruff, Guy (1978); Does the chimpanzee have a theory of mind? Behavioral and Brain Sciences, 4, 515–526

Rheinberg, Falko; Motivation; Kohlhammer, 1995

Riemann, Fritz; Grundformen der Angst; Verlag Ernst Reinhardt, 1991

Rizzolatti, Giacomo; Sinigaglia, Corado; Empathie und Spiegelneurone – Die biologische Basis des Mitgefühls; Suhrkamp, 2008

Rogers, Carl R.; Die nicht-direktive Beratung; Fischer-Verlag, 1985

Schneiderheinze, Wolfgang; Zotta, Carmen; Ganz einfach überzeugen. So nutzen Sie Ihre emotionale Kompetenz in schwierigen Verkaufssituationen; Gabler, 2009

Senge, Peter u.a.; Das Fieldbook zur Fünften Disziplin; Verlag Schäffer Poeschel, 5. Auflage 2008

Stangl, Werner; 4 Seiten einer Nachricht – ein Modell der zwischenmenschlichen Kommunikation; Werner Stangls Arbeitsblätter, 2018

Stangl, Werner; Stichwort: Theory of Mind; Online Lexikon für Psychologie und Pädagogik; 2018

Stangl, Werner; Unterschied zwischen Emotion und Gefühl; Werner Stangls Arbeitsblätter-News, 2018

Stangl, Werner; Die menschlichen Emotionen – Ein Überblick; Werner Stangls Arbeitsblätter, 2018

Thomann, Christoph; Klärungshilfe 1: Handbuch für Therapeuten, Gesprächshelfer und Moderatoren in schwierigen Gesprächen, Rowohlt Taschenbuch, 6. Auflage 2011

Weckert, Al (2011); Emotionen: Was die Unterscheidung von Primär-, Sekundär- und Pseudogefühlen im Konflikt bewirkt; Spektrum der Mediation, 44, IV. Quartal 2011

Wierzbicka, Anna; Emotions across languages and cultures: Diversity and universals; Cambrige University Press; Editions de la Maison des Science de l`Homme, Paris 1999

Stichwortregister

Über die Autorin

Elke Antwerpen ist zertifizierter Business-Coach, Profilerin und Keynote Speakerin. Als Expertin für kognitive Empathie vermittelt sie Führungskräften neue Impulse für die Herausforderungen, die ihnen bei der Arbeit mit Mitarbeitern begegnen. In ihren Vorträgen hält sie ein leidenschaftliches Plädoyer für die Befreiung vom Gefühlszwang. Ihr Credo lautet: Empathisch sein geht auch ohne viel Emotionsgedöns, dafür aber mit Köpfchen.

Seit über einem Jahrzehnt wird Elke Antwerpen regelmäßig von internationalen Konzernen und mittelständischen Unternehmen für rational geprägte Fach- und Führungskräfte gebucht, um sie vom Nutzen emotionaler und sozialer Kompetenzen zu überzeugen. Ihre Spezialität ist es, kognitive Menschen dort abzuholen, wo sie sich sicher fühlen, und sie über logische Wege und mit Tools, die exakt ihren Stärken entsprechen, zu mehr People Skills zu führen. Blitzschnell erfasst die Empathie-Expertin komplexe Situationen, erkennt den Kern eines Problems, um ihn zusammen mit ihren Klienten in ein konkretes, machbares Ziel umzuwandeln. Mit ihrer klaren wie wertschätzenden Ansprache gelingt es ihr, auch sogenannte »Härtefälle« für Themen zu öffnen, die ihnen als Kopfmensch bisher schlecht zugänglich waren oder bei denen sie große Widerstände verspürten. Statt sich mit Randsymptomen aufzuhalten, geht Antwerpen lieber den Ursachen auf den Grund und setzt den Hebel gezielt dort an, wo er am effektivsten wirkt.

Im März 2018 ist bereits ihr Buch »**Coaching für Kopfmenschen**« erschienen, in der die Entwicklerin der To-Win-On-Strength-Methode ihren patentierten TWOS-Masterplan für persönliche Stärke und Erfolg vorstellt.

Coaching für Kopfmenschen

Ihr Masterplan für persönliche Stärke und Erfolg

Elke Antwerpen

Broschiert: 232 Seiten
Ausgabe: Business Edition
Verlag: TWOS
Auslieferung: BoD GmbH
Erscheinungsdatum: 13.03.2018
Sprache: Deutsch
Paperback
ISBN-13: 9783000584848
E-Book
ISBN-10: 3000584848
Größe: 17,2 x 2 x 22,1 cm
Farbe: Ja

BESCHREIBUNG

Die Anforderungen an Führungskräfte sind hoch. Ebenso wichtig wie die fachliche Expertise sind heute die »weichen Faktoren«, um Mitarbeiter zu motivieren und emotional an das Unternehmen zu binden. Dabei geraten vor allem rational gesteuerte Manager und Managerinnen oft an ihre Grenzen. Mit dem TWOS-Masterplan® hat die erfahrene Coaching-Expertin Elke Antwerpen eine 5-Schritte-Methodik entwickelt, die mit ihrem logischen Aufbau und unter Berücksichtigung aktueller wissenschaftlicher Erkenntnisse erwiesenermaßen zu mehr persönlicher Stärke und Erfolg verhilft. TWOS ist Coaching für Kopfmenschen - so erreichen Sie individuelle Karriereziele durch die Steigerung der eigenen People Skills.

REZENSIONEN

»Endlich mal ein Plan, der funktioniert! Statt Frust über Schwachstellen entsteht hier Lust auf Spitzenleistung.«

Miriam Lange, RTL-Moderatorin, nominiert für den Deutschen Fernsehpreis 2012

»Mit dem TWOS-Masterplan wird selbst für ausgesprochene Kopfmenschen die Entwicklung ihrer Soft Skills zum Spaziergang.«

Peter Densborn, Personalvorstand Kölner Verkehrs-Betriebe AG

»Ein großartiges Coachingkonzept, das den Klienten nicht nur effektiv bei der Erreichung von Zielen unterstützt, sondern ihn auch in kürzester Zeit wieder auf die eigenen Füße stellt.«

Christian Eisen, Senior Vice President, Schwan-STABILO Cosmetics GmbH & Co. KG

ELKE ANTWERPEN

1 COACHING
Persönlichkeitsent-
wicklung für Fach-
und Führungskräfte

2 SEMINARE
Inhouse-Seminare
und Best-Praktice-
Trainings zu diversen
Soft-Skill-Themen

Überzeugen Sie mit einem starken Auftritt!

Wenn Sie den kürzesten Weg zum persönlichen Erfolg einschlagen wollen, müssen Sie sich auf Ihre eigenen Stärken besinnen. Mit meinem Coaching können sie diese erkennen, optimal einsetzen und sofort nutzen.

Profitieren Sie vom *TWOS-Masterplan* bei der:

3 PROFILING
Stärkenprofile zur
Standortbestimmung
und zur Leistungs-
optimierung

- Übernahme von Führungsverantwortung
- Gestaltung von Veränderungsprozessen
- Bewältigung von Krisensituationen
- Beruflichen Um- oder Neuorientierung
- Erweiterung der Handlungskompetenzen

Informieren Sie sich unverbindlich und kostenlos:

**0211
99 54 88 58**

TWOS-Elke Antwerpen
Tel.: 0211 - 99 54 88 58
Fax: 0211 - 99 54 88 59

info@elke-antwerpen.de
www.elke-antwerpen.de

Nutzen Sie mein
kostenloses PDF.
Download unter :

39199611R00101

Printed in Poland
by Amazon Fulfillment
Poland Sp. z o.o., Wrocław